Eine Bildreise

Norbert Kustos/Alice Loyson/Ellert & Richter Verlag

Schönes Baden-Württemberg

Beautiful Baden-Württemberg/Au beau pays de Bade-Wurtemberg

Autoren/Authors/Auteurs/Impressum

Norbert Kustos, geb. 1957 in Lahr; nach dem Studium der Germanistik und Geschichte intensive Beschäftigung mit der Fotografie; arbeitet als freischaffender Bildjournalist in Karlsruhe; Veröffentlichungen u. a. bei GEO-Frankreich, GLOBO, SAISON, ZEIT-Magazin sowie diversen Kalender-Publikationen.
Alice Loyson, geb. 1946 in Rastatt, studierte Geschichte und Germanistik; politische Redakteurin bei den »Stuttgarter Nachrichten« bis 1979. Danach in der Pressestelle des Regierenden Bürgermeisters von Berlin, dann im Staatsministerium Baden-Württemberg unter Lothar Späth; Leiterin der Pressestelle des Verkehrsministeriums Baden-Württemberg bis 1992. Derzeit schöpferische Pause als freie Journalistin in Stuttgart.

Norbert Kustos, born in Lahr in 1957, took up photography after reading German studies and history at university. He works as a freelance photographer in Karlsruhe. His work has appeared in GEO-FRANCE, GLOBO, SAISON, ZEIT-Magazin and a number of calendars.
Alice Loyson, born in Rastatt in 1946, read history and German studies at university before working as a political staff writer for the Stuttgarter Nachrichten until 1979. She then worked at the press department of the Governing Mayor of Berlin and at the Baden-Württemberg Ministry of State under Premier Lothar Späth. She was head of the press department at the Baden-Württemberg Transport Ministry until 1992 and is currently taking a creative break as a freelance journalist in Stuttgart.

Norbert Kustos, né à Lahr, en 1957. Après ses études d'histoire et de philologie allemande, il se consacre intensément à la photographie et travaille en tant que photo-journaliste free-lance à Karlsruhe. Il a publié ses œuvres photographiques, entre-autres, dans GEO-France, GLOBO, SAISON, ZEIT-Magazin, et sous forme de calendriers.
Alice Loyson, née à Rastatt, en 1946. Etudes d'histoire et de philologie allemande; rédactrice politique auprès du quotidien «Stuttgarter Nachrichten» jusqu'en 1979. Travaille ensuite au Service de Presse du Bourgemestre de Berlin, puis au Ministère fédéral de Bade-Wurtemberg sous la direction de Lothar Späth; chef du Service de Presse au Ministère des Transports de Bade-Wurtemberg jusqu'en 1992. Période actuelle de ressourcement créateur en tant que journaliste free-lance à Stuttgart.

Titel/Cover/Titre:
Ansicht der Alten Brücke in Heidelberg, im Hintergrund sieht man das Heidelberger Schloß.
View of the Old Bridge in Heidelberg with the castle in the background.
Vue sur le Vieux Pont de Heidelberg; à l'arrière-plan, le château de Heidelberg.

Text und Bildlegenden/Text and captions/
Texte et légendes:
Alice Loyson, Stuttgart
Fotos/Photos/Photographie:
Norbert Kustos, Karlsruhe
Übertragung ins Englische/English translation/Traduction anglaise:
Paul Bewicke, Hamburg
Übertragung ins Französische/French translation/Traduction française:
Michèle Schönfeldt, Hamburg
Karte/Map/Carte géographique:
ComputerKartographie Huber, München
Lektorat/Editor/Lectorat:
Iris Klein, Hamburg
Gestaltung/Design/Maquette:
Hartmut Brückner, Bremen
Satz/Typesetting/Composition:
KCS GmbH, Buchholz/Hamburg
Lithographie/Lithography/Lithographie:
Lithographische Werkstätten Kiel, Kiel
Druck/Printers/Impression:
dgv Druck- und Verlags-Gesellschaft mbH Darmstadt, Darmstadt
Bindung/Binding/Reliure:
Hollmann GmbH, Darmstadt

Die Deutsche Bibliothek — CIP-Einheitsaufnahme

Schönes Baden-Württemberg = Beautiful Baden-Württemberg/
Norbert Kustos; Alice Loyson. —
Hamburg: Ellert und Richter, 1993
(Eine Bildreise)
ISBN 3-89234-452-3
NE: Kustos, Norbert; Loyson, Alice; PT

Inhalt/Contents/Sommaire

High-Tech-Land oder bunte Kulturlandschaft? Spitzenregion in Europa oder deutsche Provinz? Die schimmernde Perle unter den Bundesländern oder gesamtdeutsch im Abseits? Musterländle mit Häuslebauern oder Bindestrich-Land mit biederem „Schaffe-schaffe"-Prinzip? Oder etwa Modell deutscher Möglichkeiten, wie der erste schwäbische und schwäbelnde Bundespräsident Theodor Heuss gemeint hat? Baden-Württemberg hat viele Namen, doch keine dieser Bezeichnungen ist ganz richtig, keine falsch. Und die ganze Vielfalt des Landes und seiner Bewohner treffen sie alle ohnehin nicht. Ein schönes Land ist es jedoch, voller kontrastreicher Harmonie der Landschaften mit Menschen unterschiedlichster Mentalität, die nicht in einen Topf zu werfen sind. Und noch eines ist Baden-Württemberg: die seit dem Zweiten Weltkrieg einzig geglückte — damals von vielen Alt-Badenern schmerzlich empfundene — Länderneugliederung. Der 25. April 1952, der Tag des Zusammenschlusses der von den Siegermächten gebildeten Länder Württemberg-Baden, Württemberg-Hohenzollern und Baden, war für die altbadischen Separatisten ein schwarzer Tag. „Von der Liebe, die nach der Hochzeit kam", sprach der Karlsruher Abgeordnete und Landtagspräsident Franz Gurk zwar später, aber die Furcht vor dem „schwäbischen Imperialismus" sitzt bis heute tief. Die Badenfrage spielt immer eine Rolle, wenn es um Ämter und Geld geht. Bedenkt man zudem, daß bei der anno 1970 vom „Heimatbund Badnerland" erstrittenen nachträglichen Volksabstimmung 18,1 Prozent der Bürger dem längst bestehenden Südweststaat ihre Zustimmung

verweigerten, dann stimmt das Wort von den „ungleichen Brüdern", die Badener und Württemberger heißen. Natürlich haben Badener — Fremdling, nenn die Badener niemals „Badenser"! — und Württemberger sich im großen und ganzen arrangiert, Ressentiments abgebaut, ja sogar ein Stück Zusammengehörigkeitsgefühl entwickelt. Aber beim Wein, so nach dem zweiten, dritten Viertel, da bricht sie wieder auf, die alte Rivalität zwischen sonnigem Baden und biederem Schwaben. „Was mir in Schtuegert verschbaret, schmeiße die em Badische wieder naus" (was wir in Stuttgart sparen, werfen die Badener wieder raus), grollt es grob aus Württemberg. „Sauschwob, elender", mault's aus badischem Mund wenig lieblich, aber aus tiefster Seele zurück. Das „schaffe, schaffe, Häusle baue", die Kehrwoche — Christoph Kolumbus (1451—1506) entdeckte gerade Amerika, als Graf Eberhard im Bart (1445—1496) sie 1492 einführte — und das Sparen, das widerstrebt der badischen Leichtlebigkeit gewaltig und wird dem Schwaben ewig anhängen. Tatsächlich ist Müßiggang nie dessen Sache gewesen. Wie auch, bei den äußerst kargen Verhältnissen und abseits der wichtigen Verkehrswege. Der Kleinbauer, der sich hart abrackern mußte, prägte die Württemberger. Kein Wunder, daß protestantischer Pietismus hier auf fruchtbaren Boden fiel. Baden dagegen, lang hingestreckt am Rhein, war immer ein offenes Land mit dem vielbesungenen Strom als pulsierender Verkehrsader. Die vielen guten Kontakte zu Frankreich und in die Schweiz, die Handwerker und Geschäftsleute, Künstler und Gelehrten, die über den Rhein und später mit der Eisenbahn ins Land kamen, schufen im Badischen, wo man katholisch sinnenfreudig war und ist, ein Klima der Toleranz, Liberalität und Weltoffenheit. Der Menschenschlag im Württembergischen dagegen war schon immer eher verschlossen und sinnierend auf sich selbst gerichtet — ganz sicher auch eine Folge der geographischen Lage zwischen den „drei Wällen" Odenwald, Schwarzwald und Schwäbische Alb, die nur wenig durchlässig waren für Weltanschauungen und neue Ideen. Daß Gegensätze sich jedoch anziehen und Zukunft Herkunft braucht, wie der 1928 geborene Philosoph Odo Marquard sagt, dafür sind Badener und Württemberger ein gutes Beispiel. Gemeinsam haben sie den Wohlstand geschaffen, der manchen neidisch auf den Südwesten Deutschlands blicken und kaum mehr glauben läßt, daß hier einst das Armenhaus Europas gewesen ist, wo Hunderttausende Kleinbauern und Handwerker auf die Schiffe nach Amerika gingen, um der Not in der Heimat zu entkommen. Die fehlenden Bodenschätze und die bittere Armut waren jedoch auch ein Glück, weil den Menschen gar nichts anderes übrig blieb, als ihren

High-tech state or land of culture and cultivation? Leading European region or German province? Lustrous pearl amongst German states or backwater of a united Germany? Model state of industrious workers or two-region state with conservative "work, work, work" principles? Or, perhaps, a model state showing what Germany is capable of, as former Federal President Theodor Heuss, a Swabian dialect-speaker and native of Swabia, described it? Baden-Württemberg is called many things, but none of these descriptions is quite right, though none wholly wrong. Certainly none aptly conveys the rich variety of the state and its inhabitants. Yet it is a beautiful state, full of harmoniously contrasting landscapes and people of widely differing mentalities who can't all be lumped together. And Baden-Württemberg is something else too: it represents the only successful restructuring of a German state since World War II—a very painful experience at the time for many inhabitants of old Baden. April 25, 1952, the day that saw the merger of the states of Württemberg-Baden, Württemberg-Hohenzollern and Baden created by the victorious Allies, was a dark day for Baden separatists. Though Karlsruhe MP and state assembly Speaker Franz Gurk later spoke of "love that came after marriage", fear of "Swabian imperialism" is deep-seated even today. The Baden question always comes into play when office or money are at stake. And recalling that, as late as 1970, in the follow-up referendum held as a result of a campaign waged by the "Heimatbund Badenland" organisation of Baden nationalists, 18.1 per cent of residents voted against the then long-established southwestern state, describing the inhabitants of Baden and Württemberg as "unequal brothers" has the ring of truth. Naturally Badeners and Württembergers have on the whole come to terms with each other and shed their resentment, and indeed have even developed some feeling of belonging together. But "in

vino veritas", and after the second or third quarter litre the old rivalry between the sunny-natured Badeners and the conservative Swabians resurfaces. "What we save in Stuttgart, the Badeners squander", comes the grudging growl from Württemberg. "Stinking Swabians, miserable swine" is the not very polite but extremely heartfelt retort from the Baden side.

The Swabians will always be associated with the saying "schaffe, schaffe, Häusle baue" (work, work, build your house), the "Kehrwoche" or communal area cleaning rota—introduced by Count Eberhard in Bart in 1492, about the time when Christopher Columbus (1451—1506) was discovering America—and with saving money. All three go against the grain of the happy-go-lucky Badeners. In truth the Swabians have never been idle people. No wonder, given their meagre living conditions and isolation from major traffic routes. The Württemberg character was moulded by the small farmer toiling back-breakingly to make a living. No wonder that Protestant pietism landed here on fertile soil. Baden, on the contrary, stretching out along the Rhine, was always an open region with the much-sung river as its pulsating traffic artery. The many fine contacts with France and Switzerland, the artisans and business people, artists and scholars who came to Baden across the Rhine, and later too by rail, created in the Baden region, where people always did and still do enjoy the catholic pleasures of life, a climate of tolerance, liberalness and cosmopolitan attitudes. The type of person found in the Württemberg region, on the other hand, was always somewhat reserved and introspective—this too certainly a consequence of the region's geographical location in the midst of the

Pays de technologie de pointe ou terre de civilisation? Région pilote en Europe ou expression du provincialisme allemand? Perle étincelante parmi les Länder allemands ou région demeurée à l'écart de l'évolution globale dès lors que les deux Allemagnes n'en font plus qu'une? Province modèle de petits propriétaires au goût casanier ou Land fait de deux parties, réunies par un trait d'union, et obéissant toutes les deux au principe vertueux de l'honnête homme de cette région, qui est de travailler avant toute chose. Ou serait-ce plutôt un «modèle allemand» démontrant les possibilités que recèle ce pays, pour reprendre l'idée du premier président de la République fédérale, Théodor Heuss, lui-même Souabe de naissance et d'accent.

Nombreux sont les qualificatifs s'appliquant au Bade-Wurtemberg, mais aucun d'entre eux n'est ni tout à fait exact ni absolument faux. Tous sont d'ailleurs impropres à cerner la diversité qui caractérise cette région et ses habitants. Celle-ci n'en demeure pas moins fort belle, sa beauté étant faite de l'harmonie contrastée de ses paysages et de ses habitants aux mentalités si diverses qu'il serait impossible de les englober dans la même appréciation. Mais le Bade-Wurtemberg symbolise encore un autre aspect de l'Allemagne: il est l'exemple le plus réussi du remaniement dont furent l'objet les Länder après la deuxième guerre mondiale, même si celui-ci fut douloureusement vécu par de nombreux Badois de souche. Le 25 avril 1952, jour où fusionnèrent le Wurtemberg-Bade, le Wurtemberg-Hohenzollern et la Bade, entités créées par les puissances victorieuses, fut un jour des plus néfastes pour les séparatistes de l'ancien pays de Bade. Des années plus tard, Franz Gurk, député de Karlsruhe et président de la diète provinciale, parla certes de «l'amour qui s'instaura après le mariage», mais la crainte de «l'impérialisme souabe» est restée profondément enracinée dans les cœurs jusqu'à nos jours. La question badoise n'a cessé de jouer un rôle dès qu'il s'est agi de fonctions à pourvoir ou de finance. Et si l'on se rappelle, en outre, que lors du plébiscite qui eut lieu, à postériori, en 1970, à l'initiative du «Heimatbund Badnerland» (Union patriotique du Land de Bade), 18,1 % des habitants refusèrent de donner leur assentiment à cet Etat du sud-ouest existant depuis longtemps déjà, force est de reconnaître que la formule des «frères dissemblables», employée pour désigner les Badois et les Wurtembergeois, ne manque pas de bien-fondé. Badois et Wurtembergeois ont, bien entendu, fini par s'arranger, réprimant leurs rancœurs, et se découvrant même un sentiment d'appartenance mutuelle. Mais il suffit d'un petit verre de vin pour que, après le deuxième ou troisième quart, la vieille rivalité qui oppose la Bade ensoleillée et la Souabe de caractère plutôt bon enfant reprenne le dessus. «Was mir in Schtuegert verschbaret, schmeiße

die em Badischen wieder naus», «ce que nous, habitants de Stuttgart, économisons, les Badois le dépensent à pleines mains», gronde-t-on avec rancune au Wurtemberg. «Sauschwob, elender» «Cochon de souabe, misérable fripouille», lui renvoient, en écho, les Badois, fort peu aimablement il est vrai, mais du fond du cœur.

Le «schaffe, schaffe, Häusle baue» principe souabe par excellence, selon lequel il convient de «travailler d'arrache-pied pour se construire une petite maison», la «Kehrwoche», semaine dite du «Balayage» — Christophe Colomb (1451—1506) venait tout juste de découvrir l'Amérique lorsque le comte Eberhard im Bart (1445—1496) l'instaura en 1492 — l'esprit économe du Souabe, tout cela est on ne peut plus contraire à l'insouciance du Badois et entachera à jamais la réputation du Souabe. En effet, l'oisiveté n'a jamais été son fort. Comment aurait-il pu en être autrement, étant donné ses conditions de vie extrêmement ingrates et le fait que le Wurtemberg est situé à l'écart des grandes voies de communication. Sa vocation de petit paysan n'ayant d'autre choix que de s'éreinter à la besogne a profondément marqué le Wurtembergeois. On ne s'étonnera donc pas que le rigorisme protestant ait pu si aisément y fructifier. S'étirant le long du Rhin, la Bade, en revanche, a toujours été un pays ouvert vers l'extérieur, s'enorgueillant du fleuve si souvent chanté qui la draîne et qui lui est une artère de circulation à l'intense animation. Les nombreux et bons contacts qu'elle sut entretenir avec la France et la Suisse, les artisans et les commerçants, les artistes et les savants qui affluèrent dans le pays en empruntant le Rhin et plus tard le chemin de fer, créèrent un climat de tolérance, de libéralisme et de cosmopolitisme, en ce pays de Bade qui fut et demeure catholique et donc enclin aux plaisirs des sens. Par contre, les Wurtembergeois ont, de tous temps, été plus renfermés de caractère, plus repliés sur eux-mêmes et portés à l'auto-réflexion, conséquence certaine de la situation géographique du pays, coincé entre les «trois remparts» que forment l'Odenwald, la Forêt-Noire et le Jura souabe et qui, en tant que tels, n'étaient que fort peu perméables aux idéologies et aux

eigenen Kopf anzustrengen, Ideen in die Tat umzusetzen und mit der schon sprichwörtlichen Schaffenskraft den Nährboden für wachsenden Wohlstand zu bilden. „Tüftler" wie Gottlieb Daimler, Carl Friedrich Benz, Wilhelm Maybach, Karl Freiherr von Drais, Ferdinand Porsche, Robert Bosch, Graf Zeppelin, Claudius Dornier oder Philipp Matthäus Hahn stehen für technische Pioniertaten. Erfindungen über Erfindungen: von der ersten Bohrmaschine über Dübel und Fahrtenschreiber bis hin zum Teddybären mit dem Knopf im Ohr. Diese erfolgreichen Produkte traten ihren Siegeszug um den Globus an und machten Baden-Württemberg in der Welt bekannt.

Schon vor dem Ersten Weltkrieg war das aufgeschlossene Großherzogtum Baden einer der hochindustrialisierten Bundesstaaten des Deutschen Reiches, in dem nur noch ein Drittel der Bevölkerung von der Landwirtschaft lebte. Der selbst- und qualitätsbewußte Handwerkerstand, die Wirtschaftsförderung, die bereits unter dem umsichtigen württembergischen König Wilhelm I. (1781—1864) erfolgte, und zu späterer Zeit die Generationen von gut ausgebildeten Arbeitern und Angestellten waren die Basis für eine Wirtschaftsstruktur, die geradezu typisch für Baden-Württemberg ist und sich im konjunkturellen Auf und Ab bewährt hat. Es ist die Mischung und Vielseitigkeit der Unternehmen hinsichtlich ihrer Größe und der Branchen mit einem dominierenden Mittel- und Handwerkerstand, wobei sich Wissenschaft und Technik als Antriebskräfte des Wohlstands erwiesen haben. Durch Flexibilität, Reaktionsfähigkeit auf sich wandelnde Märkte und durch Qualitätsbewußtsein ist Baden-Württemberg mit den industriellen Zentren Stuttgart, Mannheim und Karlsruhe seit seiner Gründung von geradezu bemerkenswerter wirtschaftlicher Stabilität, auch wenn

es manch schmerzhafte Einschnitte — etwa in der Textil- und Uhrenindustrie — zu verkraften gab und immer wieder geben wird. Insofern trägt Baden-Württemberg den Titel „Musterländle", mit dem im 19. Jahrhundert übrigens Baden gemeint war, zu Recht.

Die Bewohner Baden-Württembergs sind jedoch alles andere als kreuzbrave Musterschüler, sie gelten als couragierte Charakterköpfe, die eben nicht alle einem Muster folgen. „Die da oben" kennen den Stachel des Widerspruchs und wissen um das Selbstbewußtsein ihrer Bürger, die überdeutlich den Politikern und Unternehmern die Meinung „geigen". Heiliger Zorn und hinhaltender Widerstand haben in Boxberg die Mercedes-Teststrecke und in Whyl das geplante Atomkraftwerk zu Fall gebracht. Sowieso sind die Baden-Württemberger davon überzeugt, daß sie Liberalität und Demokratie besser verstehen als andere. Politische Mitwirkung reicht in Südwestdeutschland, dem Land der Bauernkriege und Verfassungskämpfe, weit zurück: In Württemberg brachten die Stände den König dazu, in eine von ihnen selbst mitausgehandelte Verfassung einzuwilligen; die badische Verfassung von 1818 war die liberalste in ganz Deutschland. Die Revolution von 1848 hatte in Südwestdeutschland einen radikalen Kernpunkt; in Konstanz rief Friedrich Hecker (1811—1881) die Republik aus. Mit Leidenschaft wurde der Kampf um Volksvertretungen und bürgerliche Freiheiten geführt, worauf man heute noch stolz ist. Vielleicht ist das der Grund dafür, daß Hitz- und Querköpfe im Land zahlreich vertreten sind und Scheu vor der Obrigkeit den Landeskindern fremd ist, obwohl sie zum „Fremdeln" neigen, was Auswärtige zu spüren bekommen. Ohnehin gibt es — trotz Großherzogtum Baden und Königreich Württemberg von Napoleons Gnaden, trotz der über 40jährigen Ehe der beiden Landesteile — den Baden-Württemberger eigentlich gar nicht. Zu Schwaben und Badenern gesellen sich auch Kurpfälzer und Franken, Hohenzollern und Unterländer, Seehasen und Schwarzwälder, Kaiserstühler und Älbler.

Das merkt man schon an der Sprache, über die ein Kenner derselben treffend geschrieben hat: „Schwäbisch ist mitnichten gleich schwäbisch und hat mit dem Alemannischen so wenig zu tun wie mit dem Fränkischen oder Kurpfälzischen, und merk dir weiter: Dies ist ein weites Feld." In der Tat. Die Dialekte sind klangvoll und nuancenreich, lebendig ohnehin. Man merkt's besonders in der Fasnet, wenn in den schwäbisch-alemannischen Hochburgen des buntscheckigen Brauchtums die Fasnachtsfiguren ihr Narrenunwesen treiben. Man merkt's auch an der Speisekarte. Ofenschlupfer, Schneckensüpple, Fasnachtsküchle, Maultaschen, Brezel oder Saure Nieren sind kulinarische Gedichte aus beiden

"three bulwarks"—the Odenwald forest, the Black Forest, and the Schwäbische Alb mountain region—which prevented major penetration by new philosophies of life and new ideas. Badeners and Württembergers are a good example of the dictum that opposites attract, and, in the words of philosopher Odo Marquard, born in 1928, that the future needs the past. Together they have created a standard of prosperity which attracts many an envious gaze towards the South-West of Germany and makes it hard to believe that this was once the poorhouse of Europe, a region from which hundreds of thousands of small peasants and farmers boarded ships to America in order to escape the privations of their homeland. And yet the lack of mineral resources and dire poverty turned out to be a blessing in disguise, in that people were left with no other choice but to exercise their minds, to transform ideas into reality and, by dint of their proverbial capacity for work, to create the foundations for the growth of prosperity. Inventors like Gottlieb Daimler, Carl Friedrich Benz, Wilhelm Maybach, Karl Freiherr von Drais, Ferdinand Porsche, Robert Bosch, Graf Zeppelin, Claudius Dornier and Philipp Matthäus Hahn are bywords for pioneering technological achievements. Invention followed invention: from the first electric drill to the first wall plug, the tachograph and the Teddy bear. Successful products like these conquered the globe, carrying the name of Baden-Württemberg throughout the world.

Even before the First World War the open-minded Grand Duchy of Baden was one of the most highly industrialised federal states of the German Reich, with only a third of the population making their living from agriculture. A self-assured, quality-conscious artisan class, the promotion of trade begun by the prudent King Wilhelm I of Württemberg (1781—1864), and, later, generations of well-trained manual and clerical workers, formed the basis of an economic structure particular to Baden-Württemberg which has withstood the ups and downs of the market. It is characterised by a mixture and variety of businesses in terms of both size and products, by a dominant middle and skilled craftsman class, and by the way in which science and technology have been used to fuel prosperity.

As a result of their flexibility, their ability to react to changing markets and their quality-consciousness, Baden-Württemberg and its industrial centres of Stuttgart, Mannheim and Karlsruhe have since the state's inception maintained a remarkable stability. It has been achieved despite their having had to cope with many painful cutbacks, for example in the textile and watch-making industries—something which will no doubt happen time and again. In this respect, Baden-Württemberg can justifiably be called a "model state", albeit a term originally used in the 19th century in reference to Baden.

However, the inhabitants of Baden-Württemberg are far from being well-behaved model citizens. On the contrary, they are plucky people of distinctive character, not all out of the same mould. "The powers that be" are familiar with the sting of being contradicted and only too well aware of the self-assurance of the state's inhabitants, given to expressing their opinions to both politicians and industrialists in no uncertain terms. Pious outrage and persistent opposition have put paid to a Mercedes test circuit in Boxberg and the planned nuclear power station in Wyhl. The inhabitants of Baden-Württemberg are in any case convinced that they understand liberalism and democracy better than anyone else. In south-west Germany, the land of peasant wars and constitutional struggles, there is a long tradition of political participation. In Württemberg the assembly succeeded in getting the king's consent to a constitution which they had participated in negotiating. The Baden constitution of 1818 was the most liberal in the whole of Germany. South-west Germany was a radical centre of the 1848 revolution. In Constance, Friedrich Hecker (1811—1881) proclaimed a republic. Still today people take pride in the passionate struggle which was waged for popular representation and citizens' freedoms. Perhaps that is the reason why there is such a number of hotheads

nouvelles idées. L'exemple des Badois et des Wurtembergeois vient magistralement illustrer le fait que les contraires s'attirent et que «devenir dépend de provenir», comme l'a dit le philosophe Odo Marquard, né en 1928. C'est ensemble qu'ils surent créer cette prospérité qui fait que d'aucuns considèrent d'un œil envieux le sud-ouest de l'Allemagne et que l'on a tendance à oublier que les habitants de cette région furent jadis les parents pauvres de l'Europe ou que des centaines de milliers de petits paysans et d'artisans, désireux de fuir la misère règnant dans leur pays natal, prirent le chemin de l'Amérique. Le manque de ressources naturelles de même que l'extrême pauvreté s'avérèrent finalement à l'avantage de cette région, car les habitants n'avaient d'autre solution que de se creuser la tête et de traduire leurs idées dans la réalité pour jeter les bases d'une prospérité qui ne devait cesser de croître, et ce grâce à une énergie créatrice déjà proverbiale.

Les noms de «bricoleurs» célèbres que sont Gottlieb Daimler, Carl Friedrich Benz, Wilhelm Maybach, Karl Freiherr von Drais, Ferdinand Porsche, Robert Bosch, Graf Zeppelin, Claudius Dornier ou Philipp Matthäus Hahn sont synonymes de performances techniques accomplies par des esprits pionniers et d'inventions à n'en plus finir qui vont de la première perceuse à l'ours en peluche avec son bouton dans l'oreille en passant par les chevilles et les tachygraphes. Ces produits, qui surent s'imposer, amorcèrent leur marche triomphale qui les mena autour du globe et firent la célébrité du Bade-Wurtemberg dans le monde entier.

Dès avant la première guerre mondiale, le Grand-Duché de Bade, particulièrement réceptif aux idées nouvelles, était l'un des Etats fédéraux les plus puissamment industrialisés de l'empire allemand; un tiers seulement de la population vivait encore de l'agriculture. Le corps de métier conscient de sa propre valeur et soucieux de qualité que représentaient les artisans, les mesures d'encouragement déjà prises en faveur de l'industrie sous le règne du très circonspect roi de Wurtemberg, Guillaume Ier (1781-1864), et, plus tard, des générations d'ouvriers et d'employés dotés d'une formation solide, constituèrent la base sur laquelle vint se greffer la structure économique typique du Bade-Wurtemberg, structure qui fit ses preuves à travers les viscissitudes de la conjoncture. Le secret de sa réussite repose sur le mélange et la diversité des entreprises pour ce qui est des dimensions et des branches où dominent les entreprises artisanales de taille moyenne. Dans ce contexte, la science et la technique furent les moteurs de la prospérité. Grâce à sa flexibilité, à sa capacité de réaction face aux mutations du marché et à son souci de la qualité, la stabilité économique du Bade-Wurtemberg ainsi que de ses centres industriels, Stuttgart, Mannheim et Karlsruhe, est demeurée remarquablement constante

depuis sa création, et cela en dépit des douloureux revers que dût subir le Land et des difficultés auxquelles il se verra sans doute toujours confronté dans certains domaines, comme ce fut déjà le cas dans l'industrie textile et dans celle de l'horlogerie. En ce sens, le Bade-Wurtemberg porte à juste titre le nom de «Musterländle», de «petit pays modèle», terme qui, d'ailleurs, s'appliquait, à l'origine, à la Bade du XIXe siècle.

Toutefois, les habitants du Bade-Wurtemberg n'ont rien de ce qui distingue les élèves modèles et dociles, mais sont, au contraire, des personnes au tempérament courageux qui, précisément, refusent de s'en remettre à un schéma bien défini. «Ceux qui nous gouvernent» sont parfaitement conscients du dard que représente leur opposition de même qu'ils connaissent l'amour-propre de leurs administrés, toujours prêts à montrer sans embage aux hommes politiques et aux industriels l'opinion qu'ils ont d'eux. Une sainte colère et une résistance sans faille ont fait échouer les projets de construction d'une piste expérimentale de Mercedes à Boxberg et d'une centrale nucléaire à Whyl. En tout état de cause les habitants du Bade-Wurtemberg sont convaincus qu'ils comprennent mieux que tout autre ce que libéralisme et démocratie signifient. En Allemagne du Sud-ouest, au pays des jacqueries et des luttes pour l'adoption d'une constitution, la participation à la vie politique a toujours été profondément enracinée dans les mœurs: c'est au Wurtemberg que les états contraignirent le roi à donner son accord à la constitution qu'ils avaient préalablement négociée; la constitution badoise de 1818 était la plus libérale de toute l'Allemagne. La révolution de 1848 eut un noyau radical dans le sud-ouest de l'Allemagne et c'est à Constance que Friedrich Hecker (1811—1881) proclama la République. La lutte visant à imposer la représentation du peuple et les libertés démocratiques fut menée avec passion, ce dont les habitants de cette région s'enorgueillissent encore de nos jours. Peut-être est-ce la raison pour laquelle têtes chaudes et têtes carrées y sont légion et cela explique-t-il que la peur des autorités soit étrangère aux habitants de cette contrée, encore que ces derniers aient tendance à faire preuve de «timidité», sentiment qu'ils manifestent de préférence à l'égard de celui qui n'est pas du pays. Force est de constater que le Bade-Wurtembergeois au sens propre du terme n'existe pas — et cela en dépit du Grand-Duché de Bade et du royaume de Wurtemberg de droit napoléonien et malgré les 40 ans de mariage qui unissent les deux parties du pays. Aux Souabes et aux Badois viennent,

Landesteilen, die den Gaumen entzücken. Gut essen und trinken kann man landauf, landab, im kleinen Beizle ebenso wie in sternenbestückten oder kochmützengekrönten Gourmet-Tempeln, die man im Badischen besonders zahlreich finden kann. Auch die Weine schwäbischer „Wengerter" und badischer Winzer sind Spitze: Regelmäßig heimsen sie über 30 Prozent der von der Deutschen Landwirtschafts-Gesellschaft ausgesetzten Qualitätspreise ein.

Einen Hauptpreis verdient hätten auch Kunst und Kultur im Land, wo nach dem Lotto-Gesetz von 1958 ein Teil des unmoralischen „Sündengeldes" in die Kunst fließt — ein munter sprudelnder Quell dank ständig zunehmender Spielleidenschaft. In Zeiten knapper Kassen allerdings zitiert man gern den aus den dreißiger Jahren des vorigen Jahrhunderts stammenden trotzigen Satz des Landtagsabgeordneten Mosthaf: „Mr brauchet koi Konscht, mr brauchet Grumbiera", wobei mit letzterem Kartoffeln gemeint sind. Da der Mensch aber nun mal nicht vom Brot allein lebt und Baden-Württemberg unzählige steinerne Zeugen einer stolzen Vergangenheit besitzt, stehen Kunst und Kultur in hoher Blüte. Es gibt 900 staatliche und nichtstaatliche Museen, darunter auch Museumsneugründungen wie in Mannheim das Museum für Technik und Arbeit; große Bühnen und Kleinsttheater; ein reiches Musikleben und viele Chöre. Die Neue Staatsgalerie in Stuttgart, die 1984 eröffnet und mit ihrer spektakulären Architektur des Briten James Stirling (1926–1992) zu einem kulturellen Kristallisationspunkt der Landeshauptstadt wurde, das Stuttgarter Ballett, die Donaueschinger Musiktage, die Schwetzinger Festspiele, die Bachakademie und die Ludwigsburger Schloßfestspiele stehen für ein lebendiges Kulturleben. Die kulturbeflissenen Bürger der Stadt sind auch stolz darauf, daß Friedrich Schiller und Friedrich Hölderlin, Georg Wilhelm Friedrich Hegel und Hermann Hesse Söhne des Landes sind. Für Geschichte und Tradition ist der Sinn der Baden-Württemberger ebenso geschärft: Wer

durchs Land fährt, findet schön hergerichtete Städte und Dörfer, obwohl die in der Hektik des Wiederaufbaus nach dem Krieg entstandenen Bausünden und die Zersiedelung der Landschaft unübersehbar sind.

Dennoch überwiegen das Schöne, das Heitere wie auch das Freundliche des Landes, in dem Badener und Württemberger nun schon über vierzig Jahre lang zusammengehören. Bodensee und Schwarzwald, Rhein und Neckar, Schwäbische Alb und Kaiserstuhl sind für sie geliebte Heimat, auf die sie gleichermaßen stolz sind wie auf den wirtschaftlichen Erfolg des Landes. Was die Zukunft bringen wird, weiß keiner. Aber die Zukunftschancen stehen nicht schlecht, weil die unterschiedlichen Temperamente der beiden Landesteile, die badische Weltoffenheit und die württembergische Durchsetzungskraft, sich glücklich ergänzen. Es „menschelt" hier mehr als anderswo, das Land ist „heimelig", liebens- und lebenswert, deshalb ist Baden-Württemberg tatsächlich mehr als ein Musterland.

and awkward customers in the state, and why fear of authority is alien to its natives, although they are inclined to be wary of strangers, as outsiders soon get to feel. Nevertheless, despite the Grand Duchy of Baden and Kingdom of Württemberg created by the grace of Napoleon, despite over forty years' of marriage between the two parts of the state, there is actually no such thing as a Baden-Württemberger. Alongside Swabians and Badeners there are also the natives of the Electoral Palatinate and Franconia, Hohenzollern and Unterland, Seehasen and the Black Forest, the Kaiserstuhl and Schwäbische Alb regions.

This diversity is obvious from the language alone. As one linguistic expert fittingly wrote: "There is Swabian and Swabian, and it has as little to do with Alemannic as with Franconian or the language of the Electoral Palatinate. And take note: this is a very broad field." As indeed it is. The dialects are melodious and full of nuances, and, it goes without saying, very much alive. This is particularly noticeable during Fasching, when the various Fasching characters perform their mischief in the Swabian-Alemannic strongholds. It is also noticeable on menus. "Oven drawers", snail soup, Fasching cakes, giant "jaws" ravioli, pretzels and sour kidneys are tongue-twisting and palate-tickling pieces of culinary poetry from both parts of the state. You can eat and drink well all over Baden-Württemberg, whether in a little village inn or a gourmet shrine distinguished by stars or chef's hat awards—one comes across the latter particularly frequently in the Baden region. The Swabian and Baden wine-growers also produce top-class wines: they regularly walk off with over 30 per cent of the prizes for quality awarded by the German Agricultural Society.

Art and culture in the state are also worthy of a major award. Thanks to the 1958 lottery law part of the "immoral proceeds of sin" goes to the arts, and, as a result of the ever-increasing passion for gambling, this is a fruitful source of funds. Admittedly, at times when money is short, people are fond of quoting the defiant words of Mosthaf, a member of the state parliament, in the 1830s: "What we need is potatoes, not art." But since man cannot live by bread alone and Baden-Württemberg has numerous testimonies in stone to a proud past, art and culture thrive and flourish. There are 900 state and private museums, including newly-established ones like the Museum for Technology and Labour in Mannheim;

theatres large and small; a rich musical scene, with many choirs; the New State Gallery in Stuttgart, opened in 1984, whose spectacular architecture by the British architect James Stirling (1926–1992) has turned it into a focal point of the state capital's cultural scene; the Stuttgart Ballet, the Donaueschingen Music Days, the Schwetzingen Festival, the Bach Academy and the Ludwigsburg Castle Festival all bear witness to a lively cultural life. The culture-conscious citizens of Baden-Württemberg are also proud of the fact that their state was the birthplace of Friedrich Schiller and Friedrich Hölderlin, Georg Wilhelm Friedrich Hegel and Hermann Hesse. Baden-Württembergers have an equally keen sense of history and tradition: travelling through the state, one comes across beautifully preserved and maintained towns and villages, though one cannot help noticing the building crimes and overdevelopment of the countryside that occurred during the haste for reconstruction after World War II.

Yet what predominate are the beautiful, cheerful and congenial aspects of the state to which both Badeners and Württembergers have belonged now for over forty years. Lake Constance and the Black Forest, the Rhine and the Neckar, the Schwäbische Alb and the Kaiserstuhl are their beloved homeland, and they are just as proud of it as they are of their state's economic success. No-one knows what the future holds. But future prospects are not bad because the different temperaments in the two parts of the state—the cosmopolitan attitudes of the Badeners and the perseverance of the Württembergers—complement each other so well. People are more "human" here than they are elsewhere, the state is "homely", endearing and good to live in. And so Baden-Württemberg is indeed more than just a model state.

en effet, se joindre les Palatins et les Francs, les Hohenzollern et les «Unterländer» (venant de la région située au nord du lac de Constance), les «Seehasen» (riverains du lac du même nom) et les habitants de la Forêt-Noire, sans compter, bien sûr, ceux du Kaiserstuhl et du Jura souabe.

Il suffit, pour se rendre compte de leur diversité, de les écouter parler leur langue, dont un connaisseur a écrit de façon fort pertinente: «Il y a souabe et souabe et ce parler a aussi peu de choses en commun avec le dialecte alemanique qu'avec celui du Palatinat ou de la Franconie.» Ces dialectes sont hauts en couleur et tout en nuances, en un mot: vivants. Cela s'impose avec une évidence particulière lorsque le «Fasnet» bat son plein et que, dans les hauts lieux souabes et alemaniques du carnaval de cette région, les personnages bigarrés que sont les bouffons, déambulent à travers les villes et villages. On en prend également conscience au restaurant, en lisant la carte: «Ofenschlupfer», «Schneckensüpple» (soupe), Fastsnachtküchle (beignets), «Maultaschen» (sorte de raviolis), «Brezel» et rognons marinés au vinaigre, sont des délices culinaires concoctés dans les deux parties du pays, véritables régals pour le palais. Partout, dans le plus petit «Beizle» ou dans les temples décorés d'étoiles ou couronnés de plusieurs bonnets de cuisinier que hantent les gourmets, et dont foisonne le pays de Bade, les plaisirs de la table attendent le visiteur. Les vins produits par les vignerons souabes, (appelés «Wengerte») et par les viticulteurs badois (les «Winzer») sont des crus de qualité exceptionnelle: ils remportent régulièrement un tiers de tous les prix décernés aux vins de qualité par la «Deutsche Landwirtschafts-Gesellschaft».

Un premier prix devrait également être attribué à l'art et à la culture de ce pays où, selon la Loi relative au Jeu de la Loterie, loi adoptée en 1958, une partie de «l'argent du péché» doit être consacrée à des activités du domaine de l'art. Elle représente, d'ailleurs, une source de revenus intarissable étant donné l'ampleur sans cesse croissante que prend la passion du jeu. Lorsque les caisses sont à sec, on aime toutefois à rappeler la phrase prononcée dans les années trente du siècle passé, par un député à la diète du Land, Mosthaf: «Mr brauchet koi Konscht, mr brauchet Grumbiera» («Nous n'avons pas besoin d'art, nous avons besoin de pommes de terre»). Mais l'homme, ne vivant finalement ni de «pommes de terre» ni de l'air du temps, et le Bade-Wurtemberg possédant d'innombrables témoins pétrifiés d'un fier passé, l'art et la culture y jouent un rôle éminent. Les musées, publics ou privés — dont nous mentionnerons le Musée de la Technique et du Travail à Mannheim parmi ceux nouvellement fondés — ainsi que les théâtres, petits et grands, sont au nombre de

900. Une vie musicale particulièrement riche, de nombreux chœurs, la Neue Staatsgalerie de Stuttgart, inaugurée en 1984 (son architecture audacieuse est due au Britannique James Stirling [1926–1992]), qui est devenue un point de cristallisation culturelle de la capitale du Land, le corps de ballets de Stuttgart, le Festival musical de Donaueschingen, les Festivals de Schwetzingen, l'Académie Bach et les festivals ayant lieu au château de Ludwigsburg sont autant de manifestations d'une activité culturelle effervescente. Les habitants de Stuttgart, grands amateurs de culture, sont également fiers de ce que Friedrich Schiller et Friedrich Hölderlin, Georg Wilhelm Friedrich Hegel et Hermann Hesse soient nés au pays. Les Badois et Wurtembergeois ont, en outre, un sens aigu de l'histoire et de la tradition. Qui parcourt le pays y trouvera des villes et des villages pimpants encore qu'il ne pourra ignorer les péchés commis, après la guerre, dans le domaine de la construction et les nombreux exemples du manque d'homogénéité de l'aménagement du territoire.

Il n'en reste pas moins que la beauté, la sérénité et le côté accueillant sont les traits dominants de cette région où Badois et Wurtembergeois cohabitent étroitement depuis plus de quarante ans déjà. Le lac de Constance et la Forêt-Noire, le Rhin et le Neckar, le Jura souabe et le Kaiserstuhl sont autant de patries chères à leur cœur, dont ils sont fiers dans la même mesure où ils le sont de la réussite de leur pays sur le plan économique. Personne ne saurait dire ce que l'avenir apportera. Mais les perspectives ne sont pas de mauvaise augure; en effet, les tempéraments différents propres aux deux parties du pays, l'ouverture d'esprit des Badois et la ténacité des Wurtembergeois s'allient admirablement. Il fait bon vivre dans ce pays attachant d'où se dégage une atmosphère de convivialité plus chaude qu'ailleurs, qui le rend si digne d'être aimé. Ainsi est-il permis d'affirmer que le Bade-Wurtemberg est, nul ne peut désormais en douter, bien plus qu'une province modèle.

Von doppelter Schönheit ist Bad Wimpfen, denn die ehemals freie Reichsstadt und Kaiserpfalz der Staufer besteht aus Wimpfen am Berg und Wimpfen im Tal. Beide Ortsteile sind eine Besichtigung wert: Man findet dort Reste der Stadtbefestigung, idyllische Fachwerkhäuser, verwinkelte Gassen, das Steinhaus, den Löwen- und Adlerbrunnen aus dem 16. Jahrhundert und die Ritterstiftskirche mit ihrer Klosteranlage. Der „Blaue Turm" ist das Wahrzeichen der Stadt.

Bad Wimpfen, a former free town of the Holy Roman Empire and seat of the Staufen emperors, is doubly attractive, consisting of Wimpfen am Berg and Wimpfen im Tal (Wimpfen on the Hill and Wimpfen in the Valley). Both are worth a visit. Sights include the remains of the town fortifications, idyllic half-timbered houses, alleys full of nooks and corners, the Steinhaus, the 16th-century Löwen- und Adlerbrunnen (Lion and Eagle fountain) and the Ritterstiftskirche collegiate church and monastery. The Blauer Turm or "Blue Tower" is the town's hallmark.

Bad Wimpfen est belle à double titre. En effet, cette ancienne ville libre d'empire, qui fut résidence impériale des Hohenstaufen, se compose de deux parties: Wimpfen am Berg (la ville haute) et Wimpfen im Tal (la ville basse). Toutes les deux valent la peine d'être vues: on y trouvera des vestiges des anciennes fortifications, des maisons à colombages d'aspect idyllique, des ruelles tortueuses, la Steinhaus (Maison à la façade Renaissance), la Löwen- und Adlerbrunnen, fontaine datant du XVIe siècle, ainsi que l'église Ritterstiftskirche et ses bâtiments conventuels. La «Tour bleue» est l'emblême de la ville.

Nürtingen am Neckar ist
eine der traditionsreichsten
unter den altwürttember-
gischen Städten. Die
Lateinschule galt als eine
der besten des Herzogtums:
Friedrich Wilhelm Joseph
Schelling und Friedrich
Hölderlin besuchten sie.
St. Laurentius ist eine
sehenswerte spätgotische,
dreischiffige Hallenkirche.
Wer dagegen Fachwerk
liebt, findet hier schöne
Beispiele: den Kroatenhof
aus dem 17. Jahrhundert
und die alte Schmiede.

Among old Württemberg
towns, Nürtingen on the
Neckar is one of the richest
in tradition. Its Latin
School was regarded as one
of the best in the Duchy:
Friedrich Wilhelm Joseph
Schelling and Friedrich
Hölderlin were both pupils.
The late Gothic, triple-
naved hall church of St
Laurentius is well worth a
visit. For those who prefer
half-timbered buildings,
there are some fine exam-
ples, including the 17th-
century Kroatenhof and the
Alte Schmiede (Old Forge).

Nürtingen am Neckar est
l'une des villes du vieux
duché de Wurtemberg dont
le passé est le plus fécond.
Son Ecole de Latin passait
pour être l'une des
meilleures de l'époque:
Friedrich Wilhelm Joseph
Schelling et Friedrich Hölderlin la fréquentèrent.
St-Laurentius, une église-
halle à trois nefs datant du
gothique tardif, est particulièrement digne d'intérêt.
Qui aime les maisons à
colombages y trouvera de
superbes exemplaires: le
Kroatenhof, construit au
XVIIe siècle et l'ancienne
forge.

„Hohenzollern" wird die zu Beginn des 11. Jahrhunderts auf einem Berg am Rande der Schwäbischen Alb errichtete Burg genannt. Urkundlich wurde sie 1267 erstmals erwähnt. Schon Kaiser Wilhelm II. lobte den herrlichen Rundblick. Die mittlerweile dritte Burganlage, zwischen 1850 und 1867 erbaut, ist auch heute noch ein Ausflugsziel, das sich allein wegen der schönen Aussicht von der Stammburg des Hauses Hohenzollern über die weite Landschaft hinweg lohnt.

Hohenzollern is the name of this castle, built in the early 11th century on a hill at the edge of the Schwäbische Alb mountain region. The first documentary record of its existence dates from 1267. Kaiser Wilhelm II enthused over its splendid panoramic views. The present-day castle, built between 1850 and 1867, is the third, and is still a destination for outings, worth visiting alone for the wonderful view from the family seat of the House of Hohenzollern far across the open countryside.

On a donné le nom de «Hohenzollern» au château fort, érigé au début du XIe siècle sur une colline à la lisière du Jura souabe. Il apparaît pour la première fois dans les annales en 1267. L'empereur Guillaume II en prisait déjà la magnifique vue qu'il permet d'avoir sur le pays environnant. L'actuel château fort, le troisième du genre, construit entre 1850 et 1867, est demeuré un lieu d'excursion qui mérite la visite du seul fait du superbe panorama qui se dégage du siège initial de la lignée des Hohenzollern sur le vaste paysage alentour.

Bevor der zweitgrößte Strom Europas das Schwarze Meer erreicht, muß er sich seinen Weg durch das Kalkgestein der Schwäbischen Alb suchen. Auf einem Felsen über dem landschaftlich reizvollen Donautal steht die Stammburg des Minnesängers Huc von Werbinwac: Burg Werenwag.

Long before the second-longest river in Europe reaches the Black Sea, it has to carve its way through the limestone hills of the Schwäbische Alb. On a rocky outcrop overlooking the picturesque Danube Valley stands Castle Werenwag, family seat of the minnesinger Huc von Werbinwac.

Avant que le deuxième plus grand fleuve d'Europe atteigne la Mer Noire, il doit se frayer un chemin à travers la roche calcaire du Jura souabe. Dominant de son promontoire la riante vallée du Danube se dresse un château féodal dont est originaire le minnesinger Huc von Werbinwac: Burg Werenwag.

Eingebettet in die romantischen Täler des Landkreises Calw liegen liebenswerte mittelalterliche Städte und Kurorte. Altensteig im Nagoldtal besticht mit malerischen, in verschachtelter Bauweise am Hang angelegten Bürgerhäusern, die von einer Burg aus dem 11. Jahrhundert überragt werden.

Some delightful mediaeval towns and watering places nestle among the romantic valleys in the Calw district. Altensteig in the Nagold Valley, with its picturesque interlocking houses clinging to the hillside and an 11th-century castle towering above them, is an enchanting example.

De charmantes villes de caractère médiéval et de coquettes stations climatiques se blotissent au creux des vallées romantiques dans le canton de Calw. Altensteig, dans la vallée de la Nagold, séduira le visiteur par ses maisons bourgeoises pittoresques s'imbriquant les unes dans les autres et s'étageant sur le versant de sa colline surplombée par un château féodal du XIe siècle.

Elzach ist eine der Fasnachts-Hochburgen in Baden-Württemberg, die man bei einer närrischen Reise nicht auslassen sollte. Der „Schuttig" ist in der Elzacher Fasnacht die dominierende Figur. Er trägt ein rotes Zottelgewand, einen Strohhut mit drei Spitzen und mit Schneckenhäusern besetzt. Besonders auffallend sind die verschiedenen Masken aus Holz, die zum „Schuttig"-Gewand getragen werden.

Elzach is one of Baden-Württemberg's Shrovetide carnival strongholds, not to be missed on a carnival tour. The dominant Shrovetide figure in Elzach is the "Schuttig," wearing a shaggy red robe and a three-cornered straw hat covered in snail shells. Of particular note are the various wooden masks which complement the Schuttig's garb.

Elzach est l'un des hauts lieux du carnaval du Bade-Wurtemberg, que l'on ne manquera pas d'inscrire à son programme de visite au «pays des bouffons». Le «Schuttig» est le personnage dominant du carnaval de Elzach. Il porte un habit rouge à franges ainsi qu'un chapeau à trois pointes, orné de coquilles d'escargots. On remarquera tout particulièrement les différents masques en bois faisant partie du déguisement du «Schuttig».

Auf seine Kosten kommt der Reisende im Dreieck südlicher Schwarzwald, Schweiz und Elsaß. Hier findet man nicht nur eine bezaubernde, abwechslungsreiche Landschaft, auch Küche und Keller bieten mit das Beste in Deutschlands Südwesten. Eine der schönsten und farbenprächtigsten Jahreszeiten ist der Herbst, denn dann beginnt die Weinlese – wie hier in Obereggenen im Landkreis Lörrach.

The traveller is well catered for in the triangle between the southern Black Forest, Switzerland and Alsace. In addition to its attractive, varied countryside, the region offers cuisine and wine to compare with the best in South West Germany. One of the loveliest, most colourful seasons is autumn, when the grape harvest begins, as here at Obereggenen near Lörrach.

Le voyageur qui parcourra le triangle formé par la Forêt-Noire, la Suisse et l'Alsace y trouvera son compte. En effet, il y découvrira non seulement de ravissants paysages aux aspects sans cesse changeants mais la cuisine et les vins de cette région, qui sont ce que le sud-ouest de l'Allemagne a de meilleur à proposer. L'automne y est l'une des plus belles saisons de l'année et des plus hautes en couleurs; c'est à ce moment que commencent les vendanges – comme on le voit ici à Obereggenen dans le canton rural de Lörrach.

Wie Perlen auf einer Schnur reiht sich am Hochrhein ein idyllisches Städtchen an das andere. Eines davon ist Laufenburg, das auf der Schweizer Seite eine Schwester gleichen Namens besitzt. Von den „Lauffen", den früher hier existierenden Stromschnellen, stammt die Bezeichnung des malerischen Ortes mit seinen ansehnlichen Bürgerhäusern. Johann Wolfgang von Goethe hat diese Wasserläufe bei seinem Besuch im Jahr 1797 sehr bewundert.

Along the upper reaches of the Rhine one idyllic town follows another like a string of pearls. One of these is Laufenburg, which has a sister town of the same name on the Swiss side of the border. The picturesque town with its handsome houses takes its name from the "Lauffen," the river rapids which once existed here. Johann Wolfgang von Goethe was much taken by them during his visit here in 1797.

Laufenburg sur le Rhin supérieur. Telles les perles d'un collier, de petites villes d'aspect idyllique s'alignent les unes au bout des autres, le long du Rhin supérieur. L'une d'entre elles est Laufenburg dont la sœur, du même nom, se trouve sur la rive suisse. C'est à ses rapides, les «Lauffen», qui existaient jadis à cet endroit, que cette pittoresque localité aux maisons bourgeoises cossues, doit son nom. Ces cataractes firent l'admiration de Johann Wolfgang von Goethe lorsqu'il s'y rendit, en 1797.

Einen Hauch von mediterraner Atmosphäre besitzt jeder schöne Sommertag am Bodensee, vor allem, wenn man ihn in Meersburg verbringt. Der terrassenförmige Aufbau mit vielen Stufen, die von der Unterstadt zur Oberstadt führen, sowie die malerischen Winkel und Fachwerkhäuser prägen den Charakter dieses Ortes. Vom Alten Schloß aus, das der Sage nach schon im Jahr 628 von dem Merowingerkönig Dagobert gegründet worden sein soll, ist der Blick hinüber zur Alpenkette besonders beeindruckend.

Fine summer days on Lake Constance have a Mediterranean air about them, especially when spent in Meersburg. The town's special character is defined by its terraced layout, with the many flights of steps from the lower to the upper town, by picturesque nooks and corners and half-timbered houses. The view from the Altes Schloss or Old Castle, founded according to legend in 628 AD by the Merovingian King Dagobert, takes in the Alpine chain and is particularly impressive.

Un soupçon d'atmosphère méditerranéenne plane sur les bords du Lac de Constance, par de belles journées d'été, en particulier lorsque l'on passe ces dernières à Meersburg. Son étagement en terrasses, les nombreux escaliers menant de la ville basse à la ville haute, les recoins pittoresques ainsi que les maisons à colombages donnent à la ville son caractère bien défini. La vue qui se dégage sur la chaîne des Alpes du haut du Vieux Château, qui, selon la légende, aurait été fondé dès 628 par le roi mérovingien Dagobert, est absolument saisissante.

Es geht das Gerücht um, daß Gott, als Er die Welt erschuf, im deutschen Südwesten eine besonders glückliche Hand hatte. Er hat ein Land mit vielen Gesichtern modelliert, die von tiefen Furchen und lieblichen Lachfalten geprägt sind und fröhliche Augen und eine ausdrucksvolle Mimik besitzen. Diese abwechslungsreiche Vielfalt ist es, die den Reiz Baden-Württembergs ausmacht. Vom Bodensee bis ins Hohenloher Land, von Oberschwaben bis zum Odenwald, von der Schwäbischen Alb bis zum Schwarzwald, vom Madonnenländchen bis zum Kaiserstuhl – die Landschaft ist unverwechselbar, charakteristisch und facettenreich. Anders gesagt: Baden-Württemberg ist ein Reiseland wie aus dem Bilderbuch und weit mehr als nur eine Reise wert.

Beginnen wir mit unserem touristischen Streifzug in Deutschlands südlichstem Zipfel, in der Konzilstadt Konstanz (1414–1418), wo der böhmische Reformator Jan Hus (um 1370–1415) auf dem Scheiterhaufen endete und Graf Zeppelin (1838–1917) geboren wurde, dessen zigarrenförmige Luftschiffe zuerst über den Bodensee (der zum Ärger der Badener auch „Schwäbisches Meer" heißt) und dann über den Atlantik flogen. Vom Münsterturm schweift der Blick über die Dachgärten der Konstanzer Niederburg – der älteste und schönste Teil von Konstanz – über das Blau des Wassers hinüber nach Meersburg, von den Österreichischen Alpen zur Kette der Schweizer Berge, denen der Säntis die Krone aufsetzt. Das rebenumrankte Meersburg mit Altem und Neuem Schloß und die Basilika Birnau, das Barockjuwel des Baumeisters Peter Thumb (1681–1766), grüßen herüber. Wie gemalt liegen die Blumeninsel Mainau im Überlinger See und die Insel Reichenau, Vorposten christlicher Kultur, im landschaftlich besonders reizvollen Untersee. Es gibt die herrlichen Wandergebiete des Bodanrücks, die Höri, wo der Maler Otto Dix (1891–1969) seine Heimat fand; die erloschenen und sagenumwobenen Vulkankegel Hohenhewen, Hohenstoffeln, Mägdeberg, Hohenkrähen und Hohentwiel im Hegau; den Rhein, der den Obersee durchströmt, ihn bei Konstanz verläßt und gleichzeitig mit dem Untersee verbindet, ehe er zum Hochrhein wird und sich im Rheinfall gewaltig gebärdet. Das milde Klima, die süffigen Bodensee-Weine und das Obst aus dem Hinterland lassen kaum glauben, daß der 538 Quadratkilometer große Bodensee sich in eine schillernde, klirrende Eisfläche verwandeln kann: Dies geschieht alle hundert Jahre. Zuletzt lockte die „Seegefrör-

ne" im Februar 1963 Hunderttausende zu einem fröhlichen Fest auf das Eis; nachdem es abgetaut war, trugen die Wellen wieder Segelboote und Autofähren über den Bodensee.

Dunkel der Wald, tief die Bergseen, einsam die Täler, karstig die Berge – das ist der Schwarzwald, aus dem die Kuckucksuhr kommt, der aber nicht so schwarz ist, wie sein Name vermuten läßt. Eine touristische Attraktion ist das 160 Kilometer lange Mittelgebirge zwischen Hochrhein im Süden und Kraichgau im Norden. Feldberg, Herzogenhorn, Belchen, Schauinsland und Hornisgrinde locken Wanderer an, die mit Fernblicken bis zu den französischen Vogesen und Schweizer Alpen belohnt werden. So wildromantisch wie die Täler und Schluchten, so malerisch ist vielerorts die Hügellandschaft, in die die typischen Schwarzwaldgehöfte eingebettet sind. Was den Wanderer freut, wird den Landwirten jedoch zunehmend eine Bürde: Die Kleinfelderwirtschaft lohnt sich nicht mehr, die Söhne zieht es in die Stadt, und die jungen Mädchen wollen alles andere als Bäuerin werden. Aus Bauernhöfen werden Gaststuben und Herbergen für die vielen Touristen. Sie sind zweifelsohne ein Wirtschaftsfaktor, aber auch ein Problem, gerade für den Schwarzwald mit seinen Naturschönheiten und seltenen Pflanzen, seinen vielen Kur- und Heilbädern. So ist die Wutach-Schlucht im Südschwarzwald nur teilweise für den Wanderer begehbar, der Belchen am Wochenende für den Autoverkehr gesperrt. Dies sind Einschränkungen unter dem Stichwort „sanfter Tourismus", die dazu beitragen sollen, daß die Schwarzwaldlandschaft mit Freudenstadt, Mummelsee und Kniebis, Murgtal, Kinzigtal, Schiltach und Wolfach, Wildbad, Herrenalb, Waldkirch, Furtwangen, Triberg und Hinterzarten bleibt, was sie ist: ein tannenduftendes Refugium mit reiner Luft, klaren Bergbächen, abgelegenen Tälern und Gaststätten zum Einkehren. Dort gibt es geräucherten Speck, dicklaibiges Holzofenbrot, Wild und Bachforellen, und der Digestif heißt noch Obstler oder Chriesi(Kirsch)wasser.

Sportlich betätigen kann sich der Gast nicht nur im Schwarzwald, sondern auch auf der Schwäbischen Alb, die geologisch Schwäbischer Jura genannt wird und mit der Hahnweide bei Kirchheim unterhalb der Teck-Burg ein Eldorado der Segelflieger ist. Wanderwege führen durch ausdrucksvolle Natur. Felsige Bergränder sind ein Paradies für Kletterer, und im Winter ziehen Langläufer durch die Loipen. Bizarr sind die Tropfsteinhöhlen, wie etwa die Bären- und die Nebelhöhle, die Besuchern in der kalten Tiefe die vorgeschichtliche Innenwelt der 220 Kilometer langen welligen und kuppigen Hochfläche mit dem charakteristischen weißen Kalkgestein und den Wacholder-Schafweiden vor Augen führen. Im Museum Hauff in Holzmaden, am Fuß der Alb und in der Nähe der Autobahn in Richtung Ulm faszinieren Millionen Jahre alte

There is a rumour that when God created the world He saved a special touch for south-west Germany. He fashioned a land with many faces, characterised by deep furrows and charming laughter lines, with smiling eyes and expressive mimicry. It is this lively variety which makes Baden-Württemberg so enchanting. From Lake Constance to the Hohenlohe Region, from Upper Swabia to the Odenwald, from the Schwäbische Alb to the Black Forest, from the Madonna country to the Kaiserstuhl, the countryside is unmistakeable, characteristic and full of changes. In other words, Baden-Württemberg is a picture-book for travellers, and worth much more than just one visit.

Let's start our tour in Germany's south-west tip, in the city of Constance, venue of the 1414–1418 Church Council, where the Bohemian religious reformer Jan Hus (c. 1370–1415) was burned at the stake, and the birthplace of Graf Zeppelin (1838–1917), whose cigar-shaped airships flew first over Lake Constance (which, to the Badeners' annoyance, is also known as the "Swabian Sea") before flying across the Atlantic. From the cathedral tower the gaze stretches over the roof gardens of Niederburg, the oldest and loveliest district of the city, and across the blue waters of the lake to Meersburg, from the Austrian Alps to the Swiss mountain chain, crowned by Mount Säntis. Vine-clad Meersburg with its Old and New Castles and the Basilica of Birnau, the Baroque jewel created by architect and master builder Peter Thumb (1681–1766), seem to radiate a message of greeting. The garden isle of Mainau lies like a painting in the Überlinger See, and the island of Reichenau, outpost of Christian culture, in the scenically particularly charming Untersee. The traveller can dip deeply into the lovely landscape and its cultural riches, to refresh both mind and soul. There is the magnificent walking country around the Bodanrück, the Höri, where the painter Otto Dix (1891–1969) made his home; the extinct and myth-steeped volcanic peaks of Hohenhewen, Hohenstoffeln, Mägdeberg, Hohenkrähen and Hohentwiel in Hegau; and of course the Rhine itself, which flows through the Obersee, abandoning it near Constance and flowing on to connect with the Untersee before becoming the Hochrhein or High Rhine and forming the mighty Rhine falls. The mild climate, the light, sweet wines from the Lake Constance vineyards and the fruit from the hinterland orchards make it

hard to believe that the 538-square-kilometre lake can turn into a shimmering, crunchy expanse of ice. This happens once every hundred years. The last time was in the February 1963, when the frozen lake attracted hundreds of thousands of visitors to a jolly festival on the ice. After the ice had melted, the waves once more carried sailing boats and car ferries across Lake Constance.

The Black Forest, land of dark woods, deep mountain lakes, lonely valleys and rugged mountains, the home of the cuckoo clock, is by no means as black as its name seems to indicate. One of the main attractions for tourists is the 160-kilometre-long Mittelgebirge, or central mountain chain, between the Hochrhein in the south and Kraichgau in the north. The Feldberg, Herzogenhorn, Belchen, Schauinsland and Hornisgrinde peaks are a magnet for hikers, who are rewarded with panoramic views as far as the French Vosges and the Swiss Alps. It is a country of wild, romantic valleys and ravines, interspersed with a wealth of picturesquely hilly countryside where typical Black Forest farmhouses nestle. But what is a pleasure for hikers is becoming an increasing burden for farmers: small-scale farming is no longer profitable, young men are attracted to the towns and the last thing the young women want is to work on the farm. Farms are being turned into guesthouses and inns for the many tourists. These are without a doubt an important economic factor, but also a problem, especially for the Black Forest with its natural beauty and rare plants, its many spas and watering places. Thus the Wutach gorge in the southern Black Forest is only partially open to hikers, and the Belchen is closed to traffic at the weekends. These restrictions have been introduced under the slogan of "gentle tourism" and are intended to help ensure that the Black Forest countryside and places like Freudenstadt, Mummelsee and Kniebis, Murgtal, Kinzigtal, Schiltach and Wolfach, Wildbad, Herrenalb, Waldkirch, Furtwangen, Triberg and Hinterzarten remain what they are today: a pine-scented refuge with clean air, clear mountain streams, isolated valleys and inns to provide hospitality. Here you will find smoked bacon, fat loaves of bread baked in wood-burning ovens, game and stream trout, with fruit-flavoured or cherry schnapps as a digestive.

Visitors can develop their sporting prowess not only in the Black Forest but also in the Schwäbische Alb, geologically known as the Swabian Jura. Hahnweide near Kirchheim below Teck Castle is a gliders' Eldorado. Footpaths lead through distinctive natural scenery. Rocky mountain ridges are a paradise for climbers, and in winter long-distance skiers glide along the cross-country ski runs.

Il est une rumeur qui veut que, lorsque Dieu créa le monde, il eut la main particulièrement heureuse en façonnant le sud-ouest de l'Allemagne. Il en fit un pays aux multiples visages, creusés de profonds sillons ou plissés de gracieuses ridules, visages dont les yeux pétillent de joie et qui sont dotés d'une mimique particulièrement expressive. C'est cette diversité d'aspect qui constitue l'attrait du Bade-Wurtemberg. Du lac de Constance au pays de Hohenlohe, de la Haute-Souabe à l'Odenwald, du Jura souabe à la Forêt-Noire, du «petit pays des Madones» au Kaiserstuhl, ce paysage, aux nombreuses facettes, possède un caractère incomparable et en fait une contrée touristique exemplaire.

Commençons notre périple aux confins sud de l'Allemagne, par Constance, ville où se déroula le Concile (1414—1418), où Jan Hus (vers 1370—1415), réformateur religieux originaire de Bohême, mourut sur le bûcher. De la tour de la cathédrale, le regard du spectateur se pose sur les toits du vieux quartier de Niederburg pour plonger ensuite jusqu'à Meersburg, de l'autre côté du lac, embrassant l'horizon, des Alpes autrichiennes à la chaîne de montagnes suisses que couronne le Säntis. Meersburg, entourée de vignobles, son Vieux Château et son Château Neuf ainsi que la basilique de Birnau, joyau baroque et œuvre de l'architecte Peter Thumb (1681—1766), saluent, de loin, le visiteur. Belle à peindre, l'Ile aux Fleurs de Mainau s'étend au milieu du lac de Überlingen tandis que celle de Reichenau, avant-poste de la civilisation chrétienne, émerge du lac de Untersee. On y trouve le Bodanrück et ses magnifiques lieux de randonnées, la Höri, dont le peintre Otto Dix (1891—1969) fit sa patrie d'élection; les cônes volcaniques éteints et baignés de légendes de Hohenhewen, Hohenstoffeln, Mägdeberg, Hohenkrähen et Hohentwiel dans le Hegau; le Rhin qui traverse le Lac supérieur, pour l'abandonner près de Constance et qui relie en même temps celui-ci au Lac inférieur. Le climat doux, les vins gouleyants du lac de Constance et les fruits provenant de l'arrière-pays feraient presque oublier que les 538 kilomètres carrés qu'occupent le lac de Constance peuvent se transformer en une patinoire scintillante et tintante de froid.

Noire la forêt, profonds les lacs de montagne, solitaires les vallées, karstiques les sommets des montagnes — ainsi se présente la Forêt-Noire, patrie des coucous, forêt qui, somme toute, n'est pas aussi noire que le nom permet de le supposer. Les montagnes moyennes qui s'étendent sur 160 kilomètres entre le Rhin supérieur au sud et le Kraichgau au nord sont une attraction touristique de tout premier ordre. Le Feldberg, le Herzoghorn, le Belchen, le Schauinsland et la Hornisgrinde attirent les randonneurs pédestres qui sont récompensés de leurs efforts par les panoramas entraînant leurs regards jusqu'aux massifs des Vosges et aux Alpes suisses. Les vallées et

les gorges y sont d'un romantisme aussi sauvage que le paysage de vallons, où se tapissent les fermes typiques de la Forêt-Noire, y est pittoresque. Toutefois, ce qui fait vibrer le cœur des randonneurs est un fardeau de plus en plus dur à porter pour les agriculteurs de cette région: la culture des petites parcelles de terre a cessé d'être rentable. Ainsi les fermes se transforment-elles peu à peu en auberges et en hôtelleries destinées à accueillir la grande foule des touristes. Nul doute que ceux-ci représentent un facteur économique, mais ils constituent également un problème, tout particulièrement pour la Forêt-Noire, dotée de beautés naturelles et de plantes rares ainsi que de nombreuses stations thermales et climatiques. C'est la raison pour laquelle seule une partie de la gorge de la Wutach, située dans le sud de la Forêt-Noire est accessible au randonneur et que le Belchen est interdit aux automobilistes le week-end. Ces restrictions ont pour but de protéger le paysage de la Forêt-Noire et les merveilleux sites que sont Freudenstadt, le lac de Mummelsee et le Kniebis, la vallée de la Murg et de la Kinzig, Schiltach et Wolfach, Wildbad et Herrenalb, Waldkirch, Furtwangen, Triberg et Hinterzarten mais aussi de sauvergarder sa vocation naturelle, celle d'un lieu de refuge fleurant bon le sapin, où l'air est pur, les petits torrents cristallins, les vallées solitaires et où les auberges invitent à entrer pour s'y restaurer. On y trouvera du jambon fumé, un délicieux gros pain, cuit au feu de bois, du gibier et des truites de ruisseau.

Le visiteur pourra donner libre cours à ses ardeurs sportives non seulement en Forêt-Noire mais aussi dans l'Alb souabe, appelé Jura souabe du point de vue géologique et devenu l'eldorado des planeurs qui y pratiquent leur sport à la Hahnweide, près de Kirchheim, en contrebas du château fort de Teck-Burg. Des sentiers de randonnée sillonnent cette contrée au cachet si particulier. Les parois rocheuses sont un paradis pour les amateurs de varape tandis que ses pistes sont labourées, en hiver, par les skieurs de fond. Dans les profondeurs glaciales de ses grottes de stalactites et de stalagmites aux formes fantasmagoriques, telles que celles de la Bärenhöhle (Grotte de l'Ours) et de la Nebelhöhle (Grotte nébuleuse) le visiteur découvrira le monde intérieur préhistorique de cette région. A Holzmaden, au pied du Jura souabe et à proximité de l'autoroute menant en direction d'Ulm, les fossiles millénaires, retrouvés dans des carrières d'ardoise sont exposées au Musée Hauff. En plein cœur du canton de Sigmaringen, le Danube, encore jeune, s'est frayé un passage à travers le Jura souabe, don-

Versteinerungen, die in den Schieferbrüchen gefunden wurden.

Mitten im Landkreis Sigmaringen hat die junge Donau die Schwäbische Alb durchbrochen und zu einem der schönsten Flußtäler Deutschlands gestaltet. Burgen zeugen von einer bewegten Vergangenheit oder weisen in die jüngere deutsche Geschichte, wie die Burg Hohenzollern, die in herrlicher Aussichtslage auf einem 855 Meter hohen Bergkegel bei Hechingen thront. Seit 1952 ruhten hier Friedrich Wilhelm I. (1688—1740) und Friedrich der Große (1712—1786), dem die deutsche Einigung seinen Wunsch erfüllte, bei seinen geliebten Windspielen in Sanssouci die letzte Ruhestätte zu finden. Friedrich Wilhelm I. ruht heute im Mausoleum der Friedenskirche im Park Sanssouci.

Hohenzollern, Staufer, Welfen, Zähringer, Habsburger, Hohenloher — viele Fürstengeschlechter hatten ihren Stammsitz im Land. Hohenlohe, das ist auch und besonders eine Landschaft im nordöstlichen Zipfel Baden-Württemberg und ihre Reize sind — wie Thaddäus Troll (1914—1980), ein intimer Kenner Schwabens und der schwäbischen Seele, meint — wie „Perlen vor die Franken geworfen worden". Es ist ein stilles Gebiet in Württemberg, in dem Schwaben und Franken seit Jahrhunderten dicht beieinander leben. „Land der Burgen, der Wälder und des Weines" nennen sie die Region an Kocher, Jagst und Tauber mit Schlössern in Neuenstein und Langenburg, in Öhringen und Künzelsau. Dazu gehören auch das Schloß des Fürsten Karl Friedrich von Hohenlohe-Waldenburg mit dem Siegelmuseum, das prachtvolle, zwischen 1586 und 1603 erbaute Schloß Weikersheim mit bezauberndem Schloßgarten oder die jährlichen Burgfestspiele in Jagsthausen, dem Geburtsort des Götz von Berlichingen (1480—1562). Die Städte Schwäbisch Hall und Crailsheim mit ihren historischen Ortskernen lohnen einen Besuch ebenso wie das auf steilem Felssporn über dem Tal der Bühler liegende Städtchen Vellberg, wo einmal im Jahr zum Weinbrunnenfest richtiger Rebensaft aus dem Marktbrunnen fließt.

Apropos Wein: Der griechische Dichter Alkäus (um 600 v. Chr.) soll gesagt haben, daß in ihm Wahrheit läge. Der Wein prägt und ziert die schwäbischen und badischen Lande; Wein gehört zum Essen; mit Wein läßt man einen arbeitsreichen Tag ausklingen; der Weinkeller ist des Hausherrn ganzer Stolz. „Lieber z'viel gässa wie z'wenig tronka" (lieber zuviel gegessen als zu wenig getrunken) heißt's im Schwäbischen, „sürpfle muesch, nitt suufe"

(Schluck für Schluck genießen, nicht saufen) im Badischen, wenn man beim Viertele sitzt. Sortenvielfalt, Mengenbeschränkung und trockener Ausbau bürgen heute für die Qualität der badischen Weine von Kaiserstuhl, Ortenau, Markgräfler Land, Kraichgau und Bodensee ebenso wie für die der aus württembergischem Anbau längs des Neckars, im Rems-, Enz- und Bottwartal, an den Muschelkalkhängen von Kocher, Jagst und Tauber, im Stromberggebiet und Zabergäu. „Seliges Land, kein Hügel in dir wächst ohne Weinstock" schrieb der in Lauffen geborene Friedrich Hölderlin (1770—1843) über seine Heimat, wo der Schwarzriesling wächst. Zwei weinbauliche Forschungsanstalten in Freiburg und in Weinsberg helfen dabei, daß Gutedel und Trollinger, Riesling und Spätburgunder, Sylvaner und Schiller den Ruhm der Weine aus Baden-Württemberg mehren, die wir in unseren „Wiischtuebe" und „Wirtschäftle" lieber selber trinken würden. Der württembergische Wein muß übrigens ein „Bodagfährtle" haben, was bedeutet, daß man schmecken muß, auf welchem Boden er gewachsen ist. Dies sei, so der 1906 geborene schwäbische Volksschauspieler Oscar Heiler, „das Hautgoutle beim Wein". Auch wenn's schmerzt: Den Rebensaft teilen wir selbst mit den Nordlichtern, weil jeder Gast, woher er auch kommt, bei uns König ist. Er darf auch mit uns feiern, bei den Dorf- und diversen Weinfesten, bei den Hocketsen landauf, landab und in den schwäbischen Besenwirtschaften, wo der „Wengerter" im Wohnzimmer zeitbegrenzt ausschließlich selbsterzeugten Wein ausschenken darf.

Das und die Landschaft, die Schlösser, Burgen, Gärten, Klöster und alten Stadtkerne sind ein immenses Kapital des Landes, das mit viel Geld liebevoll gepflegt und erhalten wird. Ein flüchtiger Blick genügt jedenfalls nicht, um das Land mit all seinen Schönheiten kennenzulernen. Viele sind es, auch versteckte. Und fast jeder Einheimische hat seinen stillen Winkel, den er gar nicht so gern preisgibt: das Madonnenländchen im Taubertal mit dem idyllischen Tauberbischofsheim etwa oder Bebenhausen im Landkreis Tübingen — zwischen Schönbuch, Albtrauf und Schwarzwaldrand gelegen. Auch der stille Odenwald, abseits vom Verkehrslärm, lockt mit herrlichen Wanderwegen und vielen Zeugnissen der Vergangenheit. Beispielsweise in Mosbach mit fränkischen und alemannischen Fachwerkhäusern, wo man sich unbedingt das im Jahr 1610 erbaute Palmsche Haus am Marktplatz ansehen sollte. Schön im Frühling und bunt im Herbst: das Markgräfler Land mit seinem Hausberg Belchen, das vom Rheinknie bis Müllheim reicht, und der hügelige Kraichgau von der Schmuckstadt Pforzheim bis an den Odenwald. Übrigens: Wolfgang Amadeus Mozart mochte Mannheim, Gioacchino Rossini liebte Wildbad und Joachim Ringelnatz die Stuttgarter „Weinbeizle".

Then there are the bizarre dripstone caves like the Bären and the Nebel. Here in the chilly depths the visitor can experience at first hand the prehistoric world inside the 220-kilometre long stretch of undulating uplands with their hump-shaped hilltops, characteristic white limestone rocks, and juniper-covered sheep-grazing areas. The Hauff Museum in Holzmaden at the foot of the mountains not far from the autobahn to Ulm houses some fascinating fossils millions of years old that were found in the slate quarries.

In the centre of the Sigmaringen district the infant Danube forced its way through the Schwäbische Alb mountains to form one of the most beautiful river valleys in Germany. Castles and fortresses testify to a turbulent past or point to Germany's more recent history. One example of the latter is the Castle of Hohenzollern, standing in splendid isolation on an excellent vantage point atop a 855-metre high mountain near Hechingen. From 1952 this was the resting place of Frederick William I (1688—1740) and Frederick the Great (1712—1786). German reunification saw the fulfilment of Frederick the Great's wish that his last resting place should be amongst his beloved greyhounds at Sanssouci Palace, Potsdam. Today Frederick William I rests in the Friedenskirche Mausoleum in the park at Sanssouci.

Many princely dynasties—among them the Hohenzollerns, Staufens, Guelfs, Zährings, Habsburgs and Hohenlohes—had their ancestral homes in this state. Hohenlohe is also perhaps best known as a stretch of countryside in the north-eastern tip of Baden-Württemberg. Thaddäus Troll (1914—1980), an intimate connoisseur of Swabia and the Swabian soul, describes it as being "cast like pearls before the Franconians." It is a peaceful region of Württemberg where for centuries Swabians and Franconians have lived cheek by jowl. "Land of castles, forests and wine" is what they call the region around the rivers Kocher, Jagst and Tauber, with its castles of Neuenstein and Langenburg, Öhringen and Künzelsau. In this region too you will find the castle of Prince Karl Friedrich von Hohenlohe-Waldenburg with its seal museum, the magnificent castle of Weikersheim, built between 1586 and 1603, with its charming castle garden, and the annual castle festival in Jagsthausen, birthplace of Götz von Berlichingen (1480—1562). The towns of Schwäbisch Hall and Crailsheim with their historic town centres are also worth a visit, as is the little town of Vellberg, perched on a steep rocky outcrop above the Bühler Valley, where once a year on the day of the Wine Fountain Festival real grape juice flows from the fountain in the market square.

Talking of wine, the Greek poet Alchaeus (c. 600 BC) is supposed to have said that in it lies the truth (in vino veritas). Wine both shapes and adorns Swabia and Baden; wine accompanies food; wine brings a hardworking day to a restful end; the wine-cellar is the pride and joy of the master of the house. As the Swabians say, "better to have eaten too much than to have drunk too little", or as the Badeners say, "savour it mouthful by mouthful, don't swill it down", as they sit over their quarter litres. Nowadays the range of grape varieties, restricted quantity and dry cultivation guarantee the quality of Baden wines from Kaiserstuhl, Ortenau, the Markgraf region, Kraichgau and Lake Constance, and Württemberg wines from the vineyards along the Neckar, in the Rems, Enz and Bottwar Valleys, on the muschelkalk slopes of the Kocher, Jagst and Tauber rivers, in the Stromberg region and Zabergäu. Visitors are welcome to join in our celebrations, in the various village and wine festivals, in get-togethers up and down the countryside and visit the Swabian "Besenwirtschaften" or "broomstick inns", where for a limited period the wine-grower may serve his home-produced wines, but no others, in his living room.

These, together with the scenery, the palaces, castles, gardens, monasteries and historic town centres, go to make up an enormous amount of capital for the state, and a great deal of money is spent on their loving care and conservation. In any case a fleeting glance is by no means enough to get to know the state and all its beauties. There are so many, including some hidden ones. And almost every native knows of a quiet corner that he prefers to keep to himself. The Madonna country in the Tauber Valley with the enchanting town of Tauberbischofsheim, for example, or Bebenhausen in the district of Tübingen, situated between Schönbuch, Albtrauf and the edge of the Black Forest. Or indeed the peaceful Odenwald, away from the noise of traffic, with its wonderfully inviting footpaths and its many reminders of a rich tradition. Or, for example, Mosbach with its Franconian and Alemannic half-timbered houses, where one should not miss taking a look at the Palmsches Haus on the market square, built in 1610. Beautiful in spring and colourful in autumn: that is the Markgraf region with its very own Belchen mountain, stretching from the kink in the Rhine as far as Müllheim, and the hilly Kraichgau area reaching from the showpiece city of Pforzheim as far as the Odenwald. Incidentally, Wolfgang Amadeus Mozart was fond of Mannheim, Gioacchino Rossini loved Wildbad and Joachim Ringelnatz frequented the Stuttgart winebars.

nant naissance à l'une des plus belles vallées fluviales d'Allemagne. Les châteaux forts y témoignent d'un passé mouvementé ou évoquent l'histoire allemande plus récente, tel celui de Hohenzollern qui, près de Hechingen, trône sur un sommet arrondi de 855 mètres d'altitude. C'est ici en effet que, depuis 1952, gisaient Frédéric Guillaume Ier (1688–1740) et Frédéric le Grand (1712–1786). Grâce à la réunification, ce dernier put enfin voir s'accomplir son rêve de faire de Sanssouci sa dernière demeure et d'être enterré près de ses lévriers bien aimés. Frédéric Guillaume Ier repose, lui, au Mausolée de la Friedrichskirche, dans l'enceinte du parc de Sanssouci.

Hohenzollern, Hohenstaufen, Guelfes, Zähringen, Habsbourg et Hohenlohe – nombreuses furent les familles princières à avoir élu résidence dans cette région. Le Hohenlohe est également et avant tout la dénomination géographique d'une contrée située aux confins nord-est du Bade-Wurtemberg, et à propos de laquelle l'écrivain Thaddäus Troll (1914–1980), intime connaisseur de la Souabe et de l'âme souabe – a dit qu'elle était une «perle jetée aux pieds des Franconiens». C'est une région humble et effacée du Wurtemberg, où Souabes et Franconiens vivent en étroite communauté depuis des siècles. «Pays des châteaux médiévaux, des forêts et du vin», tel est le nom donné à cette région drainée par le Kocher, la Jagst et la Tauber et dotée de nombreux châteaux, dont ceux de Neuenstein et Langenburg, de Öhringen et de Künzelsau. Viennent s'y ajouter le château du prince Karl Friedrich von Hohenlohe-Waldenburg, qui abrite le Musée des Sceaux, celui de Weikersheim, édifié entre 1586 et 1603 et agrémenté d'un ravissant jardin, Jagsthausen, lieu de naissance de Götz von Berlichingen (1480–1562), où ont lieu, chaque année, les festivals du château. Les villes de Schwäbisch Hall et de Crailsheim, qui ont su préserver leur aspect historique, sont dignes d'intérêt au même titre que la petite ville de Vellberg, perchée sur un éperon rocheux et dominant la vallée de la Bühler, où est célébrée, une fois l'an, la fête de la «Fontaine au Vin» (Weinbrunnenfest). A cette occasion, du vrai jus de la treille coule de la fontaine située sur la Place du Marché.

Parlons en justement du vin: c'est le poète grec Alcée (vers 600 avant J.C.) qui aurait prétendu qu'il recèle la vérité. Le vin et les vignobles ont imprimé leur sceau à la Bade et à la Souabe. Le vin fait partie du repas; c'est avec le vin qu'une journée de dur labeur s'achève; le cellier fait l'orgueil du maître de maison. «Sürpfle muesch, nitt suufe», «il faut le boire à petites gorgées et non le descendre d'un trait», vous recommande-t-on au pays de Bade, lorsque vous prenez un petit verre. La diversité des cépages, une production limitée et une sélection de vins secs sont, aujourd'hui, les critères de qualité distinguant aussi bien

les vins badois issus du Kaiserstuhl, de l'Ortenau, du Markgräfler Land, du Kraichgau et du lac de Constance, que ceux du Bade-Wurtemberg, originaires des vignobles des bords du Neckar, des vallées de la Rems, de l'Enz et de Bottwar des versants calcaires du Kocher, de la Jagst et de la Tauber ou provenant de la région de Stromberg et de Zabergäu. «Bienheureux pays, sur chacune de tes collines tu fais pousser un cep de vigne» écrivait Friedrich Hörderlin (1770–1843) qui naquit à Lauffen, à propos de son pays natal où pousse le riesling noir. Deux centres de recherche œnologique, ceux de Fribourg et de Weinsberg, contribuent à ce que les «Gutedel» et les «Trollinger», le Riesling et le Spätburgunder, le Sylvaner et le Schiller consolident la réputation déjà bien assise des vins du Bade-Wurtemberg. Les vins du Wurtemberg doivent justifier d'une «Bodagfährtle», ce qui signifie que l'on doit pouvoir, en les dégustant, reconnaître le sol sur lequel ils ont poussé. Et, même s'il nous en coûte, nous allons jusqu'à partager notre jus de la treille avec les «lumières du Nord» (les Allemands du Nord), car, tout hôte désireux de découvrir notre région, d'où qu'il vienne, est accueilli chez nous avec les égards que nous réservons aux têtes couronnées. Il lui sera également permis de participer à nos fêtes de village, à celles du vin, ou encore aux «Hocketsen» (fêtes de quartiers) et de s'attabler dans les «Besenwirtschaften».

Tout cela, s'ajoutant au paysage, aux châteaux, aux forteresses médiévales, aux jardins, aux monastères et aux centres historiques des cités représente une immense richesse dont le pays est en droit de s'enorgueillir, richesse entretenue avec amour et à grand renfort de moyens financiers. Toujours est-il qu'un coup d'œil rapide ne suffira pas à faire découvrir au visiteur cette contrée et la profusion de ses beautés naturelles. Et dieu sait si elles sont légion bien que souvent dissimulées. Presque tous les habitants du pays ont leur coin de prédilection dont ils gardent jalousement le secret. Le «Pays des Madonnes», dans la vallée de la Tauber, où se blottit la ville idyllique de Tauberbischofsheim, par exemple, ou Bebenhausen dans le canton de Tübingen, ville s'étendant entre Schönbuch, Albtrauf et la lisière de la Forêt-Noire. L'Odenwald, discret, à l'écart des grandes voies de circulation et de leur brouhaha, attire lui aussi le visiteur du fait de ses magnifiques sentiers de randonnée et des nombreux témoignages du passé que l'on trouvera, par exemple, à Mosbach où l'on ne manquera pas d'admirer les maisons à colombage alemaniques de même que la Palmsche Haus, construite en 1610 et située en bordure de la Place du Marché. Beaux au printemps et rayonnants de couleurs à l'automne, ainsi se présentent tant le Markgräfler Land et sa montagne, le Belchen, que le Kraichgau au tracé vallonné, allant de Pforzheim, ville de la bijouterie jusqu'à l'Odenwald.

Wer sich Konstanz vom Wasser aus nähert, dem fällt ein wuchtiges Gebäude mit dunkler Holzverschalung auf. Es ist das Konzilgebäude, das im 14. Jahrhundert Sammelplatz und Kaufhaus für Handelsgüter war. 1417 war das „Konzil" — wie die Einheimischen sagen — Schauplatz des Kardinalkonklaves, eines der bedeutendsten Ereignisse in der Geschichte der Bodensee-Metropole.

Approaching the town of Constance by water, one is struck by a massive building with dark wood panelling. This is the Council Building, which in the 14th century was a collecting and trading point for merchandise. In 1417 the "Konzil," as it is known to the locals, was the scene of the Cardinals' Conclave, one of the most important events in the history of the lakeside town.

Quiconque s'approche de Constance par bateau, remarquera un édifice de forme massive, revêtu de bois sombre. C'est le Bâtiment du Concile, qui, au XIVe, tenait lieu de dépôt où étaient emmagasinées certaines marchandises. En 1417, le «Concile» — ainsi que le nomment les habitants de Constance — fut le théâtre du conclave du sacré collège, un des événements les plus importants qui se produisirent dans cette métropole des bords du lac de Constance.

Tausende von Tulpen blühen hier im Frühjahr, und im Herbst leuchtet auf der Blumeninsel Mainau die Farbenpracht der Dahlien. Die Insel liegt, nur ein paar Kilometer von Konstanz entfernt, im Bodensee und ist eine der Hauptattraktionen der Region.

Thousands of tulips bloom here in the springtime, and in autumn the flower isle of Mainau glows with the brilliant hues of dahlias. The island lies in Lake Constance only a few miles from the town of Constance and is one of the region's major attractions.

Des milliers de tulipes s'épanouissent ici, au printemps, et, à l'automne, c'est au tour des dahlias d'illuminer l'Ile aux Fleurs de Mainau de l'éclat de toutes leurs couleurs. L'île n'est qu'à quelques kilomètres de Constance, au milieu du lac et constitue l'une des principales attractions de cette région.

Im Schwarzwald findet der Wanderer häufig Wegkreuze − wie auch hier am Brandenkopf. Sie sind Ausdruck einer in dieser Region tief verwurzelten Frömmigkeit. Vielleicht mahnen sie heute die Menschen, mit der Natur schonend und sorgsam umzugehen.

Walkers in the Black Forest frequently come across wayside crosses like this one on the Brandenkopf. They are the expression of a piety deep-rooted in the region. Nowadays perhaps they serve as a reminder to people to treat nature with care and consideration.

En Forêt-Noire, le promeneur rencontrera fréquemment sur son chemin des croix comme celle représentée ici, qui se dresse sur le Brandenkopf. Elles traduisent la religiosité profondément enracinée des habitants de cette région. Peut-être sont-elles là aujourd'hui pour rappeler aux hommes qu'ils doivent à la nature attentions et respect.

In einmaliger Weise vermittelt der Vogtsbauernhof, wie die Menschen früher im südlichen Schwarzwald lebten, arbeiteten und wohnten. Er ist Kernstück des gleichnamigen Freilichtmuseums in Gutach, in dem der Besucher viel über das Land und die Region erfahren kann.

The Vogtsbauernhof provides a unique demonstration of how people in the southern Black Forest used to live, work and dwell. It is the centrepiece of an open-air museum in Gutach of the same name where the visitor can learn a great deal about the countryside and the region.

La ferme «Vogtsbauernhof» évoque comme nulle autre la façon dont vivaient et travaillaient autrefois les paysans du sud de la Forêt-Noire. Elle constitue la pièce maîtresse du musée à ciel ouvert de même nom à Gutach, musée qui fournira au visiteur de nombreuses informations sur cette région.

Viele verbringen ihren
Urlaub am Schluchsee im
südlichen Schwarzwald:
Wandern, Wassersport,
erholsames Klima und eine
gute Küche gehören dazu.
Einsamkeit gibt es hier nur
morgens in der Früh. Der
Ruderer genießt die Stille
des Sees und die Natur-
schönheit der ihn umgeben-
den Tannenwälder.

Schluchsee, in the southern
Black Forest, attracts many
holidaymakers. Walking,
water sports, a refreshing
climate and good food are
all part of the attraction.
Early morning is the only
time you stand any chance
of being alone. The oars-
man is here enjoying the
tranquillity of the lake and
the natural beauty of the
pinewoods which surround
it.

Nombreux sont ceux qui
passent leurs vacances au
bord du Schluchsee, dans le
sud de la Forêt-Noire, région qui leur propose randonnées, sports nautiques,
un climat reposant et une
succulente cuisine. Ce n'est
qu'au point du jour que l'on
peut y goûter la solitude.
Le rameur savoure la joie
que lui procure la beauté
des forêts de sapins qui
entourent le lac.

Im Jahr 777 das erste Mal genannt, seit dem 13. Jahrhundert Freie Reichsstadt, berühmt für die Goldschmiedekunst: Das ist Schwäbisch Gmünd mit einem Marktplatz, der heute noch den Eindruck bürgerlichen Selbstbewußtseins und frommer Geisteshaltung vermittelt. Die seltsame, doppelseitige Madonnenfigur gab dem Marienbrunnen seinen Namen. Er ist mit alten Geschlechterwappen verziert.

The first mention of Schwäbisch Gmünd dates back to 777 AD. In the 13th century it became a free city of the Holy Roman Empire. Famed for the art of its goldsmiths, the town's market square still conveys an impression of bourgeois self-confidence and pious attitudes. The Marienbrunnen or St Mary's Fountain, ornamented with ancient coats of arms, derives its name from the curious double-sided Madonna figure.

Mentionnée pour la première fois en 777, ville libre d'empire depuis le XIIIe siècle, célèbre pour son orfèvrerie, ainsi se présente Schwäbisch Gmünd avec sa Place du Marché dont émane, encore aujourd'hui, le sentiment de confiance en soi et de dévotion religieuse propre à la bourgeoisie. La curieuse madone à double face a donné son nom à la «Marienbrunnen» (Fontaine de la Vierge). Elle est ornée d'anciennes armoiries.

Von Heidelberg bis Stuttgart: Wer ist die Schönste im ganzen Land?

Amerikaner und Nippons Söhne würden gewiß „Heidelberg" sagen und die saisonunabhängige Stadt, das Schloß und die Gaudeamus-igitur-Kneipen vereinnahmen. Als Einnahmequelle für die industriearme Stadt ist der nicht endenwollende Touristenstrom unverzichtbar. Die Besucher sind in guter Gesellschaft: „Alt-Heidelberg, du Feine" dichtete Josef Victor von Scheffel (1826–1886), und schon Friedrich Hölderlin schrieb 1799 seine „Heidelberg-Ode". Generationen von Studenten zog es seit 1386 an die Universität, die älteste im Land und – nach Prag und Wien – die drittälteste im Heiligen Römischen Reich. Ein Glanzstück der romantischen Stadt am Austritt des Neckars aus dem Odenwald in die Oberrheinebene ist zweifelsohne das aus rotem Neckarsandstein gebaute und auf halber Höhe über dem Fluß thronende Schloß, das bis 1720 Residenz der Kurpfalz war. Die Manessische Liederhandschrift stellt einen bibliophilen Schatz dar, sie ist eine der kostbarsten Sammlungen mittelhochdeutscher Minnelyrik, die mit 137 ganzseitigen Miniaturen geschmückt in der Universitätsbibliothek gehütet wird. Tradition und Gegenwart liegen in Heidelberg dicht beieinander. Beim Spaziergang den Philosophenweg entlang, in die Dämmerung hinein, mit schönster Sicht auf Stadt und Schloß, kommt einem unwillkürlich das Wort von der Postkarten-Romantik in den Sinn, das in diesem Augenblick aber gar nichts Kitschiges meint, weil die Atmosphäre der blauen Stunde siegt: „Alt-Heidelberg, du Feine, du Stadt an Ehren reich, am Neckar und am Rheine, kein' andere kommt dir gleich." Hat der Dichter Josef Victor von Scheffel immer noch recht? Sind Freiburg und Tübingen nicht schöner? Ehrwürdige Universitätsstädte auch sie, aber jede ist wieder anders und von eigenem Charme.

Johann Peter Hebel (1760–1826) hat Freiburg besungen und in der Stadt mit den Bächle in den Pflastergassen „richi Herre, Geld und Guet, Jumpfere wie Milch und Bluet" ausgemacht. Auf dem Münsterplatz, wenn die Frühlingssonne den Winter vergessen macht, wird man feststellen, daß heute noch stimmt, was den alemannischen Dichter in der Breisgau-Stadt an den Mädchen bezauberte. Geld und Gut muß ebenfalls noch vorhanden sein,

denn sauber und glatt präsentiert sich die angeblich sonnigste Stadt Deutschlands, die vom Freiburger Münster mit dem „schönsten Turm der Christenheit" dominiert wird. Alemannisch kann man hier auch noch „schwätze" (reden), besonders gut mit den südbadischen Marktfrauen und Bauern, die im Schatten des Münsters alle Segnungen aus Feld und Garten feilbieten.

Das Renommee der Stadt Tübingen läßt sich an Schwabens geistiger Elite festmachen, die den Namen der Universitätsstadt in alle Welt hinausgetragen hat. Das Tübinger Stift, 1536 von Herzog Ulrich von Württemberg (1487–1550) gegründet, damit dort „armer frommer Leut Kinder" auf Staatskosten studieren konnten, ist ein fruchtbarer Nährboden für neue Ideen, für Dichtung und Philosophie gewesen und hat so bedeutende Köpfe wie Friedrich Wilhelm Joseph Schelling, Eduard Mörike, Georg Wilhelm Friedrich Hegel, Johannes Kepler, Wilhelm Hauff und Ludwig Uhland hervorgebracht. Auch Friedrich Hölderlin studierte hier, Schönheit und Götternähe suchend. Im malerisch am Neckar gelegenen Turm verbrachte er die zweite Hälfte seines Lebens in geistiger Umnachtung. Friedrich Schiller und Johann Wolfgang von Goethe verkehrten beim Verleger Friedrich Cotta. Tübingen wird zu Recht die Wiege der Dichter und Denker genannt. Bis heute hat die idyllische Stadt mit ihren winkligen Gassen, ihren Fachwerkhäusern und dem zwischen 1507 und 1540 erneuerten Schloß Hohentübingen ihre Anziehungskraft auf Studenten nicht verloren – das hält Tübingen jung.

Wenn die Tübinger Kunsthalle ihre brillanten Ausstellungen präsentiert – Willi Baumeister, Edgar Degas, Pablo Picasso, Henri de Toulouse-Lautrec, Max Ernst und Paul Cézanne waren bisherige Höhepunkte – dann strömt internationales Publikum in die Universitätsstadt am Neckar, und es ist die Rede vom Ausstellungswunder. Und „droben stehet die Kapelle" – Ludwig Uhland (1787–1862) weist den Weg auf den markanten Bergkegel oberhalb von Rottenburg in der Nähe von Tübingen, wo die kleine Kirche steht, die der Dichter berühmt gemacht hat.

Noch eine Universitätsstadt: Ulm, wo Albert Einstein (1879–1955) herstammt, Albrecht Ludwig Berblinger (1770–1829), der „Schneider von Ulm", mit seinem Fluggerät anno 1811 kläglich in die Donau stürzte und der Oberbürgermeister jedes Jahr am „Schwörmontag" seinen Eid auf die Stadtverfassung leistet. Die ehemals freie Reichsstadt, in der man das alte Sprichwort „Ulmer Geld regiert die Welt" heute noch versteht, hat viel zu bieten: die an der Donau entlangführende Stadtmauer mit teilweise erhaltenen Wehrgängen, das malerische Fischer- und Gerberviertel und das Münster, das Eduard Mörike (1804–1875) als einen „Koloß, der so tyrannisch alles um sich verkleinert" beschrieben hat. Gute Kondition braucht, wer die 768 Stufen des Münsterturms

From Heidelberg to Stuttgart: Who's the fairest of them all?

The Americans and Japanese would certainly say "Heidelberg", taking into account the all-year-round charms of the town, its castle and its lively pubs and inns. And since the city has little industry, it depends on a never-ending stream of tourists as a source of income. Visitors are in good company: the poet Josef Victor von Scheffel (1826–1886) sang of "Old Heidelberg, you fine city", preceded in 1799 by Friedrich Hölderlin with his "Ode to Heidelberg." Since 1386 generations of students have been drawn to the university, the oldest in the country and—after Prague and Vienna—the third oldest in the Holy Roman Empire. Showpiece of the romantic town situated where the Neckar emerges from the Odenwald and enters the Upper Rhine plain is without a doubt the red Neckar sandstone castle built on the heights overlooking the river. Until 1720 it was the seat of the Palatine Electors. The Manesse manuscript is a treasure for bibliophiles. It is one of the most valuable collections of Middle High German minnesongs, illuminated with 137 whole-page miniatures, and is kept in the university library. In Heidelberg, past and present go hand in hand. Walking through the twilight along the Philosophers' Way, with a wonderful view over city and castle, one cannot help thinking about picture-postcard romanticism, though at this time of the day, when the twilight atmosphere prevails, there is nothing kitschy about it. "Old Heidelberg, you fine city, bathed in glory, on the Neckar and the Rhine, there is none to compare with you." Is the poet Josef Victor von Scheffel still right? Are Freiburg and Tübingen not lovelier? They too are honourable university towns, but each is different and has its own charm.

Johann Peter Hebel (1760–1826) sang Freiburg's praises and came to the conclusion that the city where little streams flow along the cobbled alleys possessed "Rich lords, money and wealth, maidens like milk and blood." On the cathedral square, when the spring sunshine makes one forget the winter, one can see for oneself that what enchanted the Alemannic poet about young women in the Breisgau town still holds good today. There must also be money and wealth around, for what is reputed to be the sunniest town in Germany looks clean and smart as a new pin, dominated by the cathedral with the "loveliest tower in Christendom." Here you can still speak Alemannic, especially with the south Baden market women and farmers purveying all their produce of field and garden in the shadow of the cathedral.

Tübingen's reputation can be attributed to the Swabian intellectual elite, who have carried the name of the university town all over the world. Tübingen College, founded in 1536 by Duke Ulrich of Württemberg (1487–1550) for the "children of the pious poor" to study at the state's expense, has been a fertile breeding ground for new ideas, poetry and philosophy, producing outstanding minds like Friedrich Wilhelm Joseph Schelling, Eduard Mörike, Georg Wilhelm Friedrich Hegel, Johannes Kepler, Wilhelm Hauff and Ludwig Uhland. Friedrich Hölderlin also studied here, seeking beauty and nearness to God, and spent the second half of his life in a state of mental derangement in a tower picturesquely overlooking the Neckar. Friedrich Schiller and Johann Wolfgang von Goethe frequented the house of the publisher Friedrich Cotta. Tübingen is justifiably known as the cradle of poets and philosophers. To this day the idyllic town with its winding alleys, its half-timbered houses and the Castle of Hohentübingen, rebuilt between 1507 and 1540, has not lost its powers of attraction for students—and that is what keeps Tübingen young.

When the Tübingen Art Gallery holds its brilliant exhibitions—highspots to date have included the works of Willi Baumeister, Edgar Degas, Pablo Picasso, Henri de Toulouse-Lautrec, Max Ernst and Paul Cézanne—a stream of international visitors flows into the university town on the Neckar, and the talk is all of the brilliance of the exhibitions. And "up above is the chapel." The words of Ludwig Uhland (1787–1862) point the way to the prominent mountain top overlooking Rottenburg near Tübingen, where the little chapel made famous by the poet stands.

Another university town is Ulm, where Albert Einstein (1879–1955) came from, where in 1811 Albrecht Ludwig Berblinger (1770–1829), the "tailor of Ulm", pathetically crashed his flying machine into the Danube, and where, every year on "Oath Monday", the Mayor swears an oath of allegiance to the city's constitution. Formerly a free city within the Holy Roman Empire, where still today people understand the saying "Ulm money rules the world", Ulm has a great deal to offer: the town wall running along by the Neckar

Cest Heidelberg», diraient certainement Américains et Nippons en prenant d'assaut cette ville fréquentée en toute saison, son château et les tavernes estudiantines où résonne le «gaudeamus igitur». Ville pauvre en industries, elle ne saurait toutefois se passer du flux ininterrompu des touristes. Les visiteurs y sont en bonne compagnie: «O toi, vieil Heidelberg, ville pleine de délicatesse», ainsi la chantait le poète Josef Victor von Scheffel (1826–1886) et, en 1799, Friedrich Hölderlin avait déjà écrit son «Ode à Heidelberg». Dès 1386, son université, la plus vieille du pays, et, après Prague et Vienne, la troisième du Saint Empire romain-germanique quant à l'ancienneté, commença d'attirer des générations d'étudiants. Mais le plus beau fleuron dont s'orne cette ville romantique située à l'endroit où le Neckar émerge de l'Odenwald pour se faufiler dans la plaine du Haut-Rhin, est sans aucun doute le château, construit à partir du grès rouge issu de la région du Neckar. Il trône à mi-hauteur de colline et domine le fleuve. Les princes-électeurs du Palatinat en firent leur résidence jusqu'en 1720. La «Manessische Liederhandschrift» (Manuscrit Manesse) représente un trésor bibliophilique hors pair et est l'un des plus précieux recueils de poèmes écrits en moyen-haut-allemand qui soient. Il est orné de 137 miniatures pleine page et conservé à la Bibiothèque universitaire. Heidelberg est une ville où présent et passé se côtoient on ne peut plus étroitement. «O toi, vieil Heidelberg, ville pleine de délicatesse, riche en honneurs, tu n'as ta pareille sur les bords du Neckar et du Rhin» (Josef Victor von Scheffel). Ces vers, d'un romantisme de carte postale pouvant sembler un peun mièvres viennent involontairement à l'esprit du promeneur qui longe le Philosophenweg à une heure crépusculaire, chemin d'où l'on découvre un superbe panorama sur la ville et le château. Le poète a-t-il toujours raison? Fribourg et Tübingen ne sont-elles pas plus belles? Villes également universitaires et d'un âge vénérable toutes les deux, chacune d'elles possède un caractère et un charme qui lui sont propres.

Johann Peter Hebel (1760–1826) chanta Fribourg et y découvrit, au cours de ses promenades à travers les ruelles pavées de cette ville parcourue d'innombrables ruisselets «richi Herre, Geld und Guet, Jumpfere wie Milch und Bluet» (riches seigneurs, argent et fortune, jeunes vierges au teint de lait et de sang). Sur la place de la cathédrale, à l'heure où le soleil printanier fait oublier l'hiver, on constatera que ce qui faisait le ravissement du poète alemanique dans cette ville du Brisgau, lorsqu'il y contemplait les jeunes filles, n'a rien perdu de sa véracité. Argent et fortune doivent encore y jouer un rôle important, car la ville, dominée par la cathédrale, elle-même surmontée de la plus belle tour de la chrétienté et dont on dit qu'elle est la plus ensoleillée d'Allemagne, se présente sous un jour bien

propret et lisse. On peut encore y bavarder en dialecte alemanique, notamment avec les marchandes et les paysans du sud du pays de Bade venus vendre au marché, à l'ombre de la cathédrale, les produits de leurs champs et de leurs potagers.

Tübingen doit sa renommée à l'élite intellectuelle de la Souabe qui a véhiculé le nom de cette ville universitaire aux quatre coins du monde. La collégiale de Tübingen, fondée en 1536 par le duc Ulrich de Wurtemberg, afin que les «enfants de gens pauvres et pieux» puissent y faire leurs études aux frais de l'Etat, fut, à l'époque, un milieu fort propice aux idées nouvelles, à la poésie et à la philosophie. Il en sortit de grands hommes tels que Friedrich Wilhelm Joseph Schelling, Eduard Mörike, Georg Wilhelm Friedrich Hegel, Johannes Kepler, Wilhelm Hauff et Ludwig Uhland. En quête de Dieu et du beau, Friedrich Hölderlin y fit également ses études. Friedrich Schiller et Johann Wolfgang von Goethe avaient leurs entrées chez l'éditeur Friedrich Cotta. C'est donc bien à juste titre que Tübingen est appelée «berceau des poètes et des penseurs». Cette ville idyllique, parcourue de ruelles tortueuses, elles-mêmes bordées de maisons à colombage, son château de Hohentübingen, érigé entre 1507 et 1540, n'ont rien perdu de l'attrait qu'ils exercent depuis toujours sur les étudiants. C'est ce qui fait sa jeunesse.

Les brillantes expositions organisées par la Kunsthalle (le musée) de Tübingen – Willi Baumeister, Edgar Degas, Pablo Picasso, Henri de Toulouse-Lautrec, Max Ernst et Paul Cézanne en ont été jusqu'ici les points culminants – voient affluer un public international dans cette ville universitaire des bords du Neckar. On parle alors d'expositions-miracles. «Là-haut se dresse la chapelle»: c'est Ludwig Uhland (poète allemand né à Tübingen) qui nous montre le chemin conduisant au sommet arrondi si caractéristique des proches environs de Tübingen où, sur les hauteurs dominant Rottenburg, se trouve la petite église qui rendit célèbre le poète.

Les villes universitaires n'en finissent pas: voilà Ulm dont est originaire Albert Einstein (1879–1955). C'est là aussi qu'en 1811, Albrecht Ludwig Berblinger (1770–1829), le «tailleur d'Ulm» tomba pitoyablement dans les eaux du Danube avec son appareil volant, et que, le «Jour du Serment», le bourgmestre de la ville jure d'être fidèle à la constitution de la ville. L'ancienne ville impériale, dont le vieux proverbe «Ulmer Geld regiert die Welt» («l'argent d'Ulm gouverne le monde») est encore fort bien compris de ses habitants, a plus d'un attrait : les murs d'enceinte courant le long du Danube dont les chemins de ronde sont, en partie, bien conservés, le pittoresque quartier des pêcheurs et des tanneurs ainsi que

Von Heidelberg bis Stuttgart:
Wer ist die Schönste im Land?

From Heidelberg to Stuttgart:
Who's the fairest of them all?

bis auf eine Höhe von 162 Metern hinaufsteigt. Die Mühe lohnt: Bei Fernsicht bietet die ganze Alpenkette von Säntis bis zur Zugspitze ein herrliches Panorama. Der einzigartige „Koloß" hat einen kolossalen, aber höchst umstrittenen Nachbarn bekommen, das neue Stadthaus des New Yorker Stararchitekten Richard Meier: ein dreißig Millionen Mark schwerer Rundbau. Das unkonventionelle Haus auf dem Münsterplatz, das europäische Kulturwerkstatt werden soll, löste um so heftigeren Bürgerzorn aus, je höher das Gebäude wuchs.

„Der Schwabe denkt ja immer, was groß ist, ist unnötig" — so würde Stuttgarts populärer Oberbürgermeister Manfred Rommel den Streit der stolzen Ulmer Bürgersleut' kommentieren. Er weiß, wovon er spricht. Die Landeshauptstadt Stuttgart quält sich seit Jahren um etliche Bauprojekte, wobei die Diskussionen meist mit einem „ja, aber" enden, weil bekanntermaßen „der Schwabe, als dialektisches Wesen ständig im Dialog mit sich selbst, auch dialektisch denkt". Das macht Entscheidungen schwer und erklärt, warum manches in der Schwabenmetropole länger dauert als anderswo. Trotzdem braucht Stuttgart sich nicht zu verstecken, und falsch ist, daß in der Landeshauptstadt um 22 Uhr die Gehsteige hochgeklappt werden. Richtig ist, daß Stuttgart eine schöne Stadt in einmaliger Halbhöhenlage zwischen Wald und Weinbergen ist, die fast bis zum Hauptbahnhof reichen. Sie ist mit 580 000 Einwohnern die größte im Land und Zentrum einer der wichtigsten Wirtschaftsregionen Europas mit Weltfirmen von Rang. Georg Wilhelm Friedrich Hegel (1770–1831) ist hier geboren, Friedrich Schiller (1759–1805) hat hier gelebt, Ballett und Bachakademie sind kulturelle Botschafter von heute. Das wiederaufgebaute, 1944 schwer zerstörte Neue Schloß mit Schloßgarten und Anlagen ist zentrales Forum der Stadt, die überschaubar geblieben und von individuellem schwäbischem Charakter ist — weniger hektisch, ohne Pomp, solide und bodenständig. Was man hat, das pflegt man, beispielsweise so ein Schmuckstück der Renaissance wie den dreigeschossigen Arkadenhof des Alten Schlosses. Ein Solitär von edler Noblesse ist das spätbarocke Lustschlößchen Solitude am westlichen Stadtrand, das sich Herzog

Carl Eugen (1728–1793) in den Jahren 1763–67 bauen ließ, aber nie selbst bewohnte. Heute ist es schöpferisches Refugium junger Kunst-Stipendiaten des Landes, die in den Nebengebäuden arbeiten und leben.

Willi Baumeister (1889–1955), einer der wichtigsten Maler der deutschen abstrakten Kunst, zählte Stuttgart zu den schönsten Städten des Kontinents. Womöglich hatte er bei dieser etwas emphatischen Beurteilung auch die 1927 zur Ausstellung des Deutschen Werkbundes gebaute Weißenhof-Siedlung am Killesberg im Sinn, der Bebauungsplan stammt von Mies van der Rohe (1886–1969). Architekten der europäischen Avantgarde, darunter Le Corbusier, Walter Gropius und Hans Scharoun, gestalteten in den dreißiger Jahren diese Mustersiedlung aus überwiegend leuchtend weißen Hauskuben. Die Gegner des heftig umstrittenen Projekts schmähten es verächtlich als „Araberdorf", nach der Machtübernahme der Nationalsozialisten sollte es sogar abgerissen werden, was der Krieg verhinderte und der Stadt ein wichtiges Baudenkmal der Moderne sicherte. Weit bekannter, ja geradezu populär sind die Figuren des Triadischen Balletts von Oskar Schlemmer (1888–1943) in der Neuen Staatsgalerie, für das er Choreographien, Kostüme und Bühnenbilder entwarf. Im Eingangsbereich hat endlich auch die „Liegende" von Henry Moore (1898–1986), Landsmann des Staatsgalerie-Architekten James Stirling, einen ihr gebührenden Platz gefunden, nachdem der tonnenschwere weibliche Entwurf jahrelang hinter dem Kunstgebäude versteckt wurde — eine Provinzposse der Vergangenheit. Aber Aufgeschlossenheit ist die Devise der Gegenwart. Noch viel mehr müßte die Metropole Stuttgart mit ihren zahlreich vorhandenen Sehenswürdigkeiten werben, und sie wäre nicht länger verkannt, sondern würde als das, was sie ist, erkannt: eine Stadt, die mehr Komplimente verdient, als sie bekommt.

Schwer hat es die Landeshauptstadt, wenn es um die Anerkennung als Zentrum des Landes geht. Fallen Segnungen der Landesregierung auf Stuttgart, weckt das so sicher wie das Amen in der Kirche Begehrlichkeiten bei den Metropolen im badischen Landesteil. Mannheim, die Quadratestadt, in der die Straßen statt Namen Buchstaben und Ziffern tragen, oder Karlsruhe, ehemalige Hauptstadt Badens und heute „Residenz des Rechts" mit den beiden höchsten Gerichtshöfen der Bundesrepublik: Bundesgerichtshof und Bundesverfassungsgericht. Der in Durlach residierende badische Markgraf Karl Wilhelm gründete Karlsruhe 1715 an der Stelle, wo er sie im Traum gesehen hatte: in der reich bewaldeten Rheinebene, in sicherer Entfernung von Durlach und seiner gestrengen Frau. Der klassizistische Architekt und Baumeister Friedrich Weinbrenner (1766–1826) hat mit genialen Entwürfen das Bild der Stadt geprägt, die sich vom Rhein bis an die Vorberge des Schwarz-

with its partially preserved walks along the battlements, the picturesque fishermen's and tanners' quarters and the cathedral, which Eduard Mörike (1804–1875) described as a "colossus, tyrannically dwarfing all around it." You need to be fit to climb the 768 steps up the cathedral tower, ascending to a height of 162 metres. It is worth the trouble: there is a splendid panoramic view of the whole Alpine mountain chain from Mount Säntis to the Zugspitze. The unique "colossus" has gained a colossal, extremely controversial, neighbour in the shape of the new town hall designed by leading New York architect Richard Meier: a circular structure costing a cool DM30m. The higher the unconventional building on the cathedral square, intended to become a workshop of European culture, rose, the greater the wrath it unleashed amongst the town's residents. "Swabians always think that anything big is unnecessary", is the comment of Stuttgart's popular mayor, Manfred Rommel, would be likely to make about the quarrels of the proud citizens of Ulm. He knows what he is talking about. The state capital, Stuttgart, has been agonising for years over several construction projects, with most of the discussions ending in "Yes, but . . .", because, as is well known, "the Swabian, being a dialectical being, is always in dialogue with himself, and thinks dialectically." That makes decisions difficult and explains why a lot of things in the Swabian capital take longer than elsewhere. In spite of this, Stuttgart has no reason to hide its light under a bushel, and it isn't true that the streets of the state capital are deserted by 10 p.m. What is true is that Stuttgart is a beautiful city situated in a wonderful elevated position between forests and vineyard slopes reaching almost to the main station. With its 580,000 inhabitants it is the largest city in the state of Baden-Württemberg and the centre of one of the most important economic zones in Europe, home to some of the world's leading companies. Georg Wilhelm Friedrich Hegel (1770–1831) was born here, Friedrich Schiller (1759–1805) lived here, and the ballet and the Bach Academy are today's cultural ambassadors. The New Castle, badly bomb-damaged in 1944 and subsequently rebuilt, together with the castle gardens and complex, is the central forum of the town, which has remained a manageable size and has retained its individual Swabian character—not too hectic, without show, solid and dependable. What people have, they take good care of, as for example their Renaissance showpiece, the three-storeyed colonnaded courtyard in the Old Castle. The Solitude, the summer palace on the western fringe of the city, is a glorious pearl of late Baroque architecture. Duke Carl

De Heidelberg à Stuttgart:
quelle est la plus belle de tout le pays?

48/49

Eugen (1728—1793) had it built in 1763, though he never lived there himself. Nowadays it is a creative refuge for the state's young art scholarship students, who work and live in the outbuildings.

Willi Baumeister (1889—1955), one of the most important painters of German abstract art, considered Stuttgart one of the loveliest cities in the continent of Europe. Possibly what he had in mind when passing this somewhat emphatic judgement was the Weissenhof housing estate on the Killesberg, built in 1927 for the Deutscher Werkbund (German Craftsmen's Association) exhibition. The original building plans were drawn up by Mies van der Rohe (1886—1969). In the 1930s, architects of the European avant-garde, including Le Corbusier, Walter Gropius and Hans Scharoun, designed this model settlement of predominantly brilliant white cube-shaped houses. Opponents of the highly controversial project rejected it disparagingly as an "Arab village." After the Nazis came to power it was due to be demolished, but the war prevented this, thus ensuring that the town retained an important monument to modern architecture. Much better known, one might even say popular, are the Triadic ballet figures of Oskar Schlemmer (1888—1943) in the New State Gallery, for which he designed choreography, costumes and stage sets. In the entrance area the "Reclining Woman" by Henry Moore (1898—1986), fellow countryman of the Gallery's architect James Stirling, has at last been found a fitting home. Previously the female figure, weighing several tons, had languished for years hidden away behind the art gallery—a provincial gaffe of the past. But now cosmopolitanism is the watchword of the day. Stuttgart should really publicise its numerous places of interest a great deal more. Then it would no longer be overlooked, but recognised for what it is: a city which deserves more compliments than it gets.

The state capital has difficulty in being recognised as the centre of the state. If the state government bestows any blessings on Stuttgart, as sure as God made apples this arouses jealousy in the cities in the Baden region of the state, Mannheim, a city laid out on a grid pattern where instead of names the streets have letters and numbers, or Karlsruhe, the former capital of Baden and nowadays Germany's "legal capital", home to the two highest courts in Germany, the Federal Supreme Court and the Federal Constitutional

la cathédrale que l'écrivain Eduard Mörike (1804—1875) qualifiait de «colosse, qui amenuise si tyranniquement tout ce qui l'entoure». Le visiteur qui compte entreprendre l'escalade des 768 marches de la tour de la cathédrale devra être bien entraîné. Mais l'épreuve en vaut la peine: par temps clair, il découvrira un magnifique panorama sur la chaîne des Alpes, du Säntis à la Zugspitze. Toutefois, ce «colosse» hors pair a vu s'installer un voisin de dimensions non moins herculéennes, qui fait l'objet de vives controverses: le nouvel hôtel de ville conçu par Richard Meier, star parmi les architectes new-yorkais. Cet immeuble de forme cylindrique a déjà coûté la lourde somme de 30 millions de marks. La colère qu'il a suscitée auprès des habitants s'est d'ailleurs envenimée dans la même mesure où cet édifice si peu orthodoxe bordant la place de la cathédrale et dont la vocation était, à l'origine de devenir un atelier culturel européen, prenait de la hauteur.

«Le Souabe pense toujours que ce qui est grand n'est pas nécessaire» — c'est probablement ainsi que le très populaire bourgmestre de Stuttgart, Manfred Rommel, commenterait la querelle des fiers et vaillants citoyens d'Ulm. Il sait de quoi il retourne. En effet, de nombreux projets de construction de la ville de Stuttgart font, depuis des années, l'objet d'âpres débats débouchant, la plupart du temps, sur un «oui, mais», valse-hésitation qu'il faut attribuer au fait bien connu que «le Souabe, être dialectique en dialogue permanent avec lui-même, pense de façon dialectique». Cela rend les décisions difficiles et explique pourquoi, dans la métropole souabe, les choses mettent généralement plus de temps à mûrir qu'ailleurs. Néanmoins, Stuttgart n'a aucune raison de se cacher et il est faux de prétendre que les trottoirs de la capitale du Land soient «relevés» à partir de 22 heures et que toute vie s'y éteigne alors. La vérité est que Stuttgart, qui jouit d'un site hors pair et s'étage à mi-hauteur de colline entre les forêts et les vignobles est une ville de toute beauté. Certains de ces vignobles s'étendent presque jusqu'à la gare centrale. Ses 580.000 habitants en font la première ville du Land. Dotée de firmes de rang international, elle constitue également le cœur de l'une des régions économiques les plus importantes d'Europe. Georg Wilhelm Friedrich Hegel (1770—1831) y vit le jour, Friedrich Schiller (1759—1805) y vécut et le corps de ballet ainsi que l'Académie Bach en sont les ambassadeurs culturels de notre temps Le Nouveau Château, reconstruit après avoir été gravement touché en 1944, son jardin et ses espaces verts constituent le forum central de cette ville demeurée de dimensions limitées et empreinte du caractère individualiste propre au Souabe. La vie y est moins trépidante qu'ailleurs, sans faste et les habitants y sont restés les pieds sur terre de même qu'attachés à leur terroir. Dans cet esprit, il convient donc d'entretenir ce que l'on possède — ainsi,

par exemple, ce joyau de la Renaissance qu'est le Schloßhof, Cour intérieure du Vieux château, aux galeries ouvertes sur trois étages. Perle fine entre toutes, Solitude, le petit château d'agrément construit dans le style du baroque tardif est situé en bordure ouest de la ville. Le duc Carl Eugen (1728—1793) se le fit construire au cours des années 1763—67 mais ne l'habita jamais. C'est aujourd'hui une retraite où de jeunes étudiants des beaux-arts, boursiers de l'Etat, vivant et travaillant dans les bâtiments annexes, viennent puiser leur force créatrice.

Aux yeux de Willi Baumeister (1889—1955), l'un des plus grands peintres de l'art abstrait allemand, Stuttgart était l'une des plus belles villes du continent. Peut-être ce jugement emphatique lui avait-il était inspiré par l'ensemble architectonique de Weißenhof, érigé en 1927 sur le Killesberg à l'occasion de l'exposition du Deutscher Werkbund et dont Mies van der Rohe (1886—1969) avait établi le plan d'urbanisation. Ce sont les architectes de l'avant-garde européenne, parmi eux Le Corbusier, Walter Gropius et Hans Scharoun qui, dans les années 30, donnèrent à ce projet pilote, constitué en grande partie de maisons aux formes cubiques d'un blanc étincelant son visage caractéristique. Les détracteurs de cet ensemble âprement controversé l'affublèrent de nombreux qualificatifs, dont celui de «village arabe». La guerre vint empêcher qu'il ne fût rasé après que les national-socialistes eurent pris le pouvoir et permit ainsi à la ville de conserver un témoin de l'art moderne. Bien plus connus, pour ne pas dire populaires, sont les «robots» du Ballet Triadique de Oskar Schlemmer (1888—1943), exposés à la Neue Staatsgalerie, ballet dont il créa la chorégraphie, les costumes et les décors. Dans l'entrée, la «Femme allongée» de Henry Moore (1898—1986; compatriote de James Stirling, architecte qui conçut la Staatsgalerie) a enfin trouvé la place qui lui revient. Pendant des années, ce colosse féminin de plusieurs tonnes, fut, en effet, relégué à l'arrière du musée — expression du provincialisme grotesque du passé. Mais l'ouverture d'esprit est une marque de notre temps. Aussi Stuttgart devrait-elle mettre davantage en évidence ses nombreuses curiosités, ce qui lui permettrait de sortir de l'ombre et d'être enfin reconnue pour ce qu'elle est véritablement: une ville méritant plus de compliments qu'elle n'en reçoit.

La capitale du Land se voit confrontée à une difficulté particulière dès qu'il s'agit d'être reconnue en tant que telle. Il suffit qu'une manne du gouvernement du land s'abatte sur Stuttgart pour que cela éveille les convoitises des métropoles de la partie badoise du pays. De Mannheim, par exemple, ville dont les rues sont disposées en damier et désignées par des chiffres et des lettres; ou de Karlsruhe,

Von Heidelberg bis Stuttgart:
Wer ist die Schönste im ganzen Land?

From Heidelberg to Stuttgart:
Who's the fairest of them all?

walds erstreckt. Insgesamt 32 Schneisen führen fächerartig auf das Schloß zu, das sich in anmutigem Barock präsentiert und das Badische Landesmuseum mit über 10 000 Exponaten beherbergt. Karlsruhe grünt und blüht in allen Stadtteilen, auch tropisch in den Pflanzenschauhäusern der Botanischen Gärten. Ebenfalls im Glashaus untersucht das Kernforschungszentrum das Verhalten von Schwermetallen in Böden und Nahrungspflanzen, und die 1825 gegründete „Fridericiana" ist die älteste deutsche technische Hochschule.

Dafür hat Mannheim das Zertifikat der zweitgrößten Stadt Baden-Württembergs und kann seit 1953 das Bibliographische Institut, das mit dem Duden 1880 der deutschen Rechtschreibung die ersten Regeln verpaßte, auf seiner Habenseite verbuchen. Mannheim besitzt außerdem einen der bedeutendsten Binnenhäfen Europas. Friedrich Schillers Geniestreich „Die Räuber" wurde hier 1782 am Nationaltheater, der ersten kommunalen Bühne überhaupt, mit riesigem Erfolg uraufgeführt. Die ausgedehnte Barockschloßanlage, der Friedrichsplatz am Wasserturm und die Städtische Kunsthalle sind lohnenswerte Ziele in der Stadt an der Mündung des Neckars in den Rhein. Das Naturschutzgebiet Reißinsel mit urwüchsigem Auwald läßt vergessen, daß Mannheim mit dem auf der anderen Rheinseite gelegenen und zu Rheinland-Pfalz gehörenden Ludwigshafen Zentrum des Ballungsraums Rhein-Neckar ist.

Noch mehr schöne Töchter hat das Land: Baden-Baden zum Beispiel, wo die römischen Legionäre schon vor 2000 Jahren die Heilkraft der Thermen schätzten. Zum absoluten „Muß" wurde die Stadt für gekrönte und ungekrönte VIPs im 19. Jahrhundert. Im 20. Jahrhundert ist sie für jedermann geöffnet, der baden, spielen oder golfen möchte — der Glanz vergangener Epochen ist geblieben. Eine große Vergangenheit hat auch die Stadt Esslingen am Neckar, die von der Burg mit dem Dicken Turm überragt wird. Diese ist aber nie eine Burg gewesen, sondern nur vorgeschobener Teil der ehemaligen Stadtbefestigung. „Das ist eine Stadt! Kein Schritt ohne besondere Merkwürdigkeit" schrieb Achim von Arnim (1781–1831) im Jahr 1820 über die ehemals freie Reichsstadt. Man sollte sie besuchen, sie durchstreifen mit ihren Bürger- und Patrizierhäusern, die Stauferlöwen am Wolfstor nicht übersehen, das Signum des Herrschergeschlechts, dem Kaiser Friedrich II. (1194–1250) entstammt, der Apulien zu höchster Blüte führte. Die oberschwäbische Metropole Ravensburg gilt es ebenso zu entdecken wie Weingarten mit der größten Barockbasilika Deutschlands. Die Käthchenstadt

Heilbronn, Schwäbisch Gmünd, Brackenheim mit der Theodor-Heuss-Gedächtnisstätte und die ehemals freie Reichsstadt und Kaiserpfalz der Staufer, Bad Wimpfen, sind etwas Besonderes. Das weithin unbekannte Güglingen gilt als absoluter Geheimtip: der Stadtkern der alten Zaberngäuer Weinbaugemeinde ist Paradebeispiel für eine Stadtsanierung, die Altes mit Neuem aufs schönste kombiniert. Die malerische alte Stadt Bad Säckingen, die Victor von Scheffel (1826–1886) durch den „Trompeter" bekannt gemacht hat, glänzt mit kunstvoll bemalten Bürgerhäusern und dem Fridolinsmünster mit dem Reliquienschrein des Heiligen (Augsburger Silberarbeit von 1764), dem die Verehrung der katholischen Bevölkerung gilt. Bernau am Fuß des Herzogenhorns ist Heimat der Holzschnitzer und Geburtsort des Malers Hans Thoma (1839–1924), zwei seiner schönsten Altarbilder sind in der Pfarrkirche St. Johann zu sehen. Donaueschingen mit der Donauquelle und die Triberger Wasserfälle, Sigmaringen, Eppingen, auch „badisches Rothenburg" genannt, die barocke Augenweide Bruchsal, die Melanchthon-Stadt Bretten, das mittelalterliche Rottweil — wer die Wahl hat, hat die Qual. Hermann Hesse (1877–1962) jedenfalls kürte seine Heimatstadt Calw an der Nagold zur Spitzenreiterin. Sie sei die schönste Stadt von allen, die er kenne „zwischen Bremen und Neapel, zwischen Wien und Singapore". Welche ist nun wirklich die schönste Stadt im ganzen Land? Jede will es sein, doch keine trägt eindeutig den Lorbeerkranz des Sieges. Vielleicht ist das gut so, denn wohin die Eitelkeit führt, offenbart das bekannte Märchen. Das Prädikat märchenhaft könnte man gleichwohl mancher der vielen Schönen verleihen, es soll jedem selbst überlassen bleiben!

Court. Karlsruhe was founded in 1715 by Margrave Karl Wilhelm of Baden, who had his residence in Durlach, on the spot where he had seen it in a dream: in the richly-forested Rhine plain, at a safe distance from Durlach and his tartar of a wife. The townscape was shaped by the genius-inspired designs of the classical architect and master builder Friedrich Weinbrenner (1766–1826). It stretches from the Rhine to the foothills of the Black Forest. A total of 32 lanes lead in a fan formation up to the castle, a graceful Baroque edifice which now houses the Baden State Museum and its over 10,000 exhibits. Karlsruhe is a city of flowers and greenery, including tropical vegetation in the Botanical Garden showhouses. Another glass building houses the nuclear research establishment where scientists research the behaviour of heavy metals in soil and edible plants. The "Fridericiana", founded in 1825, is Germany's oldest technical college.

Mannheim, on the other hand, can lay claim to being Baden-Württemberg's second largest city and has on its credit side the Bibliographical Institute and the Duden, which, in 1880, set out the first set of rules for spelling and writing the German language. Mannheim also boasts one of Europe's leading inland ports. Schiller's play "Die Räuber" was performed for the first time here in 1782, in the National Theatre, the very first municipal theatre, and was an enormous success. The extensive Baroque palace complex, the Friedrichsplatz by the water tower and the City Art Gallery are all worth a visit in this city situated at the confluence of Neckar and Rhine. Amid the unspoilt woodlands in the Reiss Island nature conservation area, one can almost forget that Mannheim and the town of Ludwigshafen on the other bank of the Rhine in the state of Rhineland-Palatinate together form the centre of the Rhine-Neckar conurbation.

The state of Baden-Württemberg boasts other beautiful daughters: Baden-Baden, for example, where as far back as 2,000 years ago Roman legionaries enjoyed the healing powers of its thermal baths. It was in the 19th century that the town became an absolute "must" for crowned and uncrowned VIPs. Now, in the 20th century, it is accessible to anyone interested in bathing in the healing waters, visiting the gaming casino or playing golf. The grandeur of bygone epochs still remains. The town of Esslingen on the Neckar, dominated by the squat castle tower, also boasts a glorious past. In fact the castle was never a castle as such, simply a jutting-out section of the former town ramparts. "What a town! You can't take a step without coming across something of special interest", wrote Achim von Arnim (1781–1831) in 1820 about this former free city within the Holy Roman Empire. One really should pay it a visit, and take a stroll past its merchant and patrician

De Heidelberg à Stuttgart:
quelle est la plus belle de tout le pays?

50/51

houses, not overlooking the Staufen lion on the Wolfstor Gate, the coat of arms of the ruling dynasty founded by Emperor Frederick II (1194–1250), who led Apulia to its heyday. It is also worth discovering the Upper Swabian town of Ravensburg, not forgetting Weingarten, site of Germany's largest Baroque basilica. Heilbronn, scene of Heinrich von Kleist's play "Das Käthchen von Heilbronn", Schwäbisch Gmünd, Brackenheim with its memorial to former German President Theodor Heuss, and the former free imperial city of Bad Wimpfen, seat of the Staufen emperors, are all superb towns in their own right. The little-known town of Güglingen is a really hot tip: the town centre of the old Zabergäu wine-growing community is a prime example of town renovation resulting in a wonderfully harmonious combination of new and old. The picturesque old town of Bad Säckingen, made famous by the Trumpeter poem by Victor von Scheffel (1826–1886), possesses some splendid artistically decorated merchants' houses and St Fridolin's cathedral containing the saint's reliquary casket (Augsburg silver work dating from 1764), held in reverence by the Catholic population. Bernau at the foot of the Herzogenhorn is the home of woodcarvers and birthplace of the painter Hans Thoma (1839–1924). Two of his best altar paintings can be seen in the parish church of St Johann. Donaueschingen, situated at the source of the River Danube, Triberg with its waterfalls, Sigmaringen, Eppingen, also known as "Baden's Rothenburg", Bruchsal, a Baroque feast for the eyes, Bretten, home of the great religious reformer Philipp Melanchthon, mediaeval Rottweil– the problem is knowing which to choose. The writer Hermann Hesse (1877–1962) for one saw his home town of Calw on the River Nagold as the frontrunner. He said it was the loveliest town of any he knew "from Bremen to Naples, from Vienna to Singapore."

So which is really the fairest town in the whole state? All aspire to this status but none can be singled out as the clear winner. Perhaps this is a good thing, for we know from fairy-tales where vanity can lead to. Many of the numerous lovely towns deserve the epithet "fairy-tale." Everyone must make up their own mind on this point.

ancienne capitale de la Bade, et aujourd'hui «Résidence du Droit» en raison des Hautes Cours qu'elle abrite: la Cour fédérale suprême et le Tribunal constitutionnel fédéral. Le margrave badois, Karl Wilhelm, qui avait élu résidence à Durlach, fonda la ville en 1715 à l'endroit même où il l'avait vue en rêve: dans la plaine boisée du Rhin, à une distance sûre de Durlach et de son austère épouse. Friedrich Weinbrenner (1766–1826), architecte et bâtisseur de l'époque du clacissisme a donné à cette ville qui s'étend du Rhin jusqu'aux contreforts de la Forêt-Noire, son empreinte de constructeur de génie. Trente-deux artères, au total, convergent vers le château qui s'offre au regard dans toute sa grâce baroque et renferme le «Badisches Landesmuseum» où sont exposés plus de 10.000 objets d'art. Tous les quartiers de Karlsruhe sont enfouis sous la verdure et sa végétation va jusqu'à adopter un caractère tropical dans les serres du Jardin botanique. C'est également dans une maison de verre que le Centre de recherche nucléaire examine le comportement des métaux lourds dans les sols et les plantes alimentaires. Fondée en 1825, la «Fridericiana» est la plus ancienne Ecole Technique Supérieure existant en Allemagne.

En revanche, Mannheim détient le titre de deuxième ville du Bade-Wurtemberg pour ce qui est des dimensions et compte le Bibliographisches Institut et le Duden à son actif, ce dernier étant la grammaire qui, dès 1880, dicta ses premières règles à l'orthographe allemande. Mannheim possède, en outre, l'un des ports fluviaux les plus importants d'Europe. Les «Brigands», pièce de génie de Friedrich Schiller, remporta un énorme succès lorsqu'elle fut représentée, pour la première fois, en 1782, au Nationaltheater, le premier théâtre municipal à avoir été créé. Le château de style baroque ainsi que son vaste parc, la Friedrichsplatz entourant le château d'eau, de même que la Städtische Kunsthalle de cette ville située au confluent du Neckar et du Rhin, sont particulièrement dignes d'intérêt. La réserve naturelle dite «Reißinsel», et la forêt marécageuse qui en fait partie, forêt dont on a su préserver le caractère originel, permet d'oublier que Mannheim forme, avec Ludwigshafen, situé sur la rive opposée du Rhin et rattaché à la Rhénanie-Palatinat, le cœur de la conurbation Rhin/Neckar, une région de haute densité de population.

Mais le pays a encore bien d'autres filles qui ne leur cèdent en rien par la beauté: Baden-Baden par exemple, dont les thermes et la vertu curative de ces derniers étaient déjà fort appréciés des légionnaires romains, il y a 2000 ans de cela. Pour les VIPs du XIXe siècle, que leurs têtes aient été couronnées ou non, cette ville était un «must» absolu. En notre XXe siècle, elle est accessible à tout un chacun, que ce dernier soit venu pour y prendre les eaux, jouer au casino ou faire du golf: l'éclat des temps passés est demeuré ce qu'il

était. La ville d'Esslingen, sur le Neckar, dominée par son château médiéval et sa Grosse Tour peut également s'enorgueillir d'un brillant passé. Et pourtant ce château n'était, à l'origine qu'une partie avancée des anciennes fortifications et non une citadelle. «En voilà une ville! Aucun pas qui ne vous fasse découvrir une curiosité particulière», écrivait Achim von Arnim (1781–1831) en 1820 à propos de cette ancienne ville libre d'empire. On ne manquera pas de la visiter, et d'y admirer, en flânant, les maisons bourgeoises et patriciennes, sans oublier les lions des Hohenstaufen qui ornent la Wolfstor (Porte du Loup), emblème de la dynastie dont est issu l'empereur Frédéric II (1194–1250), qui devait faire de l'Apulie un Etat des plus florissants. Ravensburg, métropole de Haute-Souabe, vaut autant la découverte que Weingarten et sa basilique de style baroque, la plus vaste d'Allemagne La ville d'Heilbronn, patrie de Käthchen, Schwäbisch Gmünd, Brackenheim avec son mémorial érigé en souvenir de Théodor Heuss et Bad Wimpfen, ancienne ville libre d'empire, résidence impériale des Hohenstaufen, et belle entre toutes. La petite ville de Güglingen, connue surtout des amateurs, est une découverte à faire: le noyau urbain de cette vieille cité viticole de la région de Zaberngäu, est un exemple-modèle d'assainissement urbain dans le cadre duquel l'ancien et le moderne ont su être harmonieusement conjugués. La vieille et pittoresque ville de Bad Säckingen que Victor von Scheffel (1826–1886) rendit célèbre par son œuvre «Trompeter von Säckingen» brille de tout l'éclat de ses maisons bourgeoises historiées avec art et de sa cathédrale, le Fridolinsmünster, abritant le reliquaire (pièce exécutée en argent à Augsbourg en 1764) de ce saint vénéré par la population catholique. Bernau, au pied du mont Herzogenhorn est la patrie des sculpteurs sur bois et le lieu de naissance du peintre Hans Thoma (1839–1924). Deux de ses plus beaux tableaux d'autel peuvent être admirés en l'église paroissiale de St. Johann. Donaueschingen et la source du Danube, les chutes d'eau de Triberg, Sigmaringen, Eppingen, dénommé aussi le «Rothenburg badois», Bruchsal, joyau du baroque, Bretten, ville où vécut Melanchton, Rottweil, la médiévale — le visiteur n'a que l'embarras du choix. Pour Hermann Hesse (1877–1962) Calw, sa ville natale baignée par la Nagold, venait en tête du palmarès. Elle était, à ses yeux, «entre Brême et Naples, entre Vienne et Singapour», la plus belle de toutes les villes.

Mais quelle est donc la plus belle ville du pays, me direz-vous? Chacune prétend l'être, mais aucune d'entre elles n'arbore, en vérité, la couronne de lauriers revenant au vainqueur. Peut-être en est-il mieux ainsi, car la fable nous révèle où mène la vanité. Et pourtant, le titre de «fabuleuse» siérait fort bien à nombre de ces beautés qui mériteraient qu'on le leur décerne. Ainsi laisserons-nous à chacun le soin de faire son choix.

Die landschaftlichen Reize,
die alten Gassen, das
Schloß und die Universität
schaffen eine besondere Atmosphäre. Jahr für Jahr ist
Heidelberg das Ausflugsziel
für Hunderttausende von
Besuchern aus aller Welt —
es scheint, die Anziehungskraft dieser Stadt ist bis
heute ungebrochen.

The picturesque location,
old alleys, castle and
university combine to
create a special atmosphere.
Year after year Heidelberg
is visited by hundreds of
thousands of tourists from
all over the world. The
city's powers of attraction
seem to continue
undiminished.

Les charmes de son
paysage, les vieilles ruelles,
le château et l'université
contribuent à faire naître
l'atmosphère toute parti-
culière qui la caractérise.
D'année en année, Heidel-
berg est la Mecque de centaines de milliers de visiteurs venus du monde
entier. Comme on le voit,
l'attraction exercée par cette
ville n'a, de nos jours, rien
perdu de son pouvoir.

Tübingen — die Zuneigung der Schwaben gilt besonders dieser Stadt, in der auch Friedrich Hölderlin studierte. Im Turm des Tübinger Stifts, der seine letzte Wohnstätte war, hat er unter der Obhut des Schreinermeisters Zimmer 36 Jahre lang gelebt. Das Stadtbild Tübingens wird vor allem vom mittelalterlichen Stadtkern und den zahlreichen Universitätsgebäuden geprägt.

Swabians are particularly well-disposed towards the town of Tübingen, where Friedrich Hölderlin once studied. He spent 36 long years in the tower of the Tübinger Stift, his last abode, in the care of Herr Zimmer, the master carpenter. Tübingen's townscape is characterised above all by its mediaeval town centre and the numerous university buildings.

Tübingen — Les Souabes portent un culte tout particulier à cette ville où Friedrich Hölderlin fit, lui aussi, ses études. Il vécut 36 ans dans la tour de la collégiale de Tübingen, qui fut sa dernière demeure, sous la protection bienveillante du menuisier Zimmer. La physiognomie de Tübingen est caractérisée en majeure partie par son noyau urbain médiéval et ses nombreux bâtiments universitaires.

In der Universitätsstadt
Freiburg haben schon Ge-
nerationen von Studenten
ihre Examina abgelegt.
Auch heute noch zieht es
die Studierenden hierher: in
die verwinkelte Altstadt, zu
dem kleinen „Bächle" und
zum Freiburger Münster
mit der berühmten
„Hosianna"-Glocke.

The university town of
Freiburg has seen the
graduation of generations of
students. Present-day scholars are still attracted to the
quaint Altstadt, the little
"Bächle" or streams
flowing alongside the cobbled alleys, and Freiburg
Cathedral with its famous
"Hosianna" bell.

Des générations d'étudiants
ont passé leurs examens
dans la ville universitaire
de Tübingen. L'entrelacs de
ruelles de sa vieille ville,
les ruisselets qui la par-
courent, la cathédrale de
Fribourg et sa célèbre
cloche «Hosianna» n'ont
cessé, jusqu'à aujourd'hui,
de les y attirer.

Traditionsreich ist die „Wissenschaftsstadt Ulm" mit ihren Forschungseinrichtungen auf dem „Eselsberg". Albert Einstein, der Physiker und Nobelpreisträger, wurde 1879 hier geboren. Vergangenheit und Gegenwart sind in Ulm keine Gegensätze, historische Bauten und moderne Architektur ergeben zusammen ein interessantes Stadtbild.

Ulm, the "city of science," with its research establishments on the "Eselsberg" or "Asses' Hill," is rich in tradition. Physicist and Nobel laureate Albert Einstein was born here in 1879. In Ulm there is no clash between past and present. Historic buildings and modern architecture combine to form an interesting townscape.

Le passé d'Ulm, «ville de la science», avec ses centres de recherche logés sur le «Eselsberg», est particulièrement fécond. Albert Einstein, physicien et prix Nobel, y naquit en 1879. A Ulm, passé et présent ne sont d'ailleurs nullement en opposition. Les bâtiments historiques et une architecture moderne s'y marient pour créer un ensemble intéressant.

Im Jahr 1993 hat sie ihren 150. Geburtstag gefeiert: die Staatsgalerie Stuttgart, ein international renommierter, hochkarätiger Standort der Kunst. Sie wurde 1984 mit dem spektakulären, anfangs umstrittenen, aber mittlerweile geliebten Neubau von James Stirling um ein Stück Architektur von Weltgeltung ergänzt: eine Attraktion der baden-württembergischen Landeshauptstadt.

In 1993 the Stuttgart State Gallery, a top-class art centre of international repute, celebrated its 150th anniversary. It was enlarged in 1984 by the addition of James Stirling's spectacular new building, a world-ranking piece of architecture. Initially controversial, the new gallery has found favour and become one of the attractions of the Baden-Württemberg capital.

C'est en 1993 qu'elle a commémoré son 150e anniversaire. La Galerie nationale de Stuttgart, haut lieu de l'art, jouit d'une réputation internationale. Elle s'est vue enrichie, en 1984, par l'adjonction d'un nouveau bâtiment, une réalisation architecturale mondialement connue et conçue par James Stirling. Si ce bâtiment fit sensation et fut l'objet de nombreuses controverses au départ, il est aujourd'hui l'enfant chéri des habitants de Stuttgart et l'une des principales attractions de la capitale du Land de Bade-Wurtemberg.

Bildschön ist der drei-
geschossige Arkadenhof,
ein Paradebeispiel deutscher
Renaissance. Das Alte
Schloß in Stuttgart, der
Fruchtkasten, die Alte
Kanzlei und der Prinzenbau
umrahmen den Platz, des-
sen Mitte Friedrich Schiller
beherrscht, der ihm seinen
Namen gab. Den Blumen-
markt besucht man am be-
sten am Dienstag, Donners-
tag oder Samstag zwischen
acht und zwölf Uhr.

A beautiful picture: the
three-storeyed colonnade of
the Arkadenhof, a prime
example of German Renais-
sance architecture. The figure of Friedrich Schiller
presides over the centre of
the square which bears his
name, surrounded by the
Altes Schloss (Old Castle),
the Fruchtkasten (Fruit
Box), the Alte Kanzlei (Old
Chancellery) and the Prinzenbau (Princes' Building).
The best days to visit the
flower market are Tues-
days, Thursdays and Satur-
days between eight and
twelve o'clock.

La cour intérieure à trois
galeries en arcades, un
exemple magistral de la
Renaissance allemande, est
d'une beauté hors pair. Le
Vieux Château de Stuttgart,
le «Fruchtkasten» (ancienne
perception des dîmes), la
Vieille Chancellerie et le
Bâtiment princier enserrent
la place, dominée en son
milieu par la statue de
Friedrich Schiller qui lui
conféra son nom. On
visitera le Marché aux
Fleurs de préférence le
mardi, le jeudi ou le same-
di, entre huit heures et
midi.

Der Friedrichsplatz der
Quadratestadt Mannheim
kann mit manch anderen
Plätzen dieser Art durchaus
konkurrieren. Bruno
Schmitz hat ihn entworfen,
1901 wurde er fertiggestellt.
Den Abschluß des Platzes
bildet ein 60 Meter hoher
Wasserturm, im römischen
Monumentalstil erbaut.

Friedrichsplatz in Mann-
heim, the city built on a
grid, can hold its own
against many other of its
kind. It was designed by
Bruno Schmitz and com-
pleted in 1901. The square
is rounded off by the
60-metre (197-foot) water
tower, built in Roman
monumental style.

La Friedrichsplatz, sur laquelle se dresse le château
d'eau de Mannheim, ville
dont le plan a la figure
d'un damier, peut soutenir
la comparaison d'autres
places du même genre.
C'est à Bruno Schmitz que
l'on doit de l'avoir conçue;
elle fut achevée en 1901 et
est fermée par une tour de
60 mètres de haut, erigée
dans le style monumental
romain.

Das Herz des Badener Lan-
des ist immer noch Karls-
ruhe, auch wenn die Stadt
bei der bundesstaatlichen
Neuordnung nach dem
Zweiten Weltkrieg ihren
Rang als badische Metro-
pole verloren hat. In
anmutigem Barock präsen-
tiert sich das Schloß, das
im Krieg zerstört und nach
den ursprünglichen Plänen
wieder aufgebaut worden
ist.

Karlsruhe may have lost its
rank as the capital of Baden
in the reorganisation of the
state which took place after
World War II, but it is still
the heart of the Baden
region. The palace, destroyed in the war but rebuilt
according to the original
plans, is a study in graceful
Baroque.

Le cœur de la Bade est et
demeurera Karlsruhe,
même si cette ville a perdu
le rang de métropole ba-
doise à la suite du réamé-
nagement du territoire allemand après la deuxième
guerre mondiale. Le châ-
teau, détruit au cours de la
guerre et reconstruit d'après
les plans initiaux, se
présente aux yeux du spectateur dans toute sa grâce
baroque.

Schon die römischen Legionäre nutzten vor 2000 Jahren die Heilkraft der Quellen in Baden-Baden. Seine Glanzzeit erlebte der Kurort im 19. Jahrhundert, was nicht heißt, daß heutzutage Namen von Rang in der gastfreundlichen und weltoffenen Stadt an der Oos nicht zu finden wären. Das Bad ist nach wie vor „in", und die Neue Trinkhalle wird gerne besucht.

Two thousand years ago Roman legionaries took advantage of the healing powers of the Baden-Baden springs. The town's heyday as a watering place was in the 19th century, which is not to say that high society names are not to be found today in the hospitable, cosmopolitan town on the River Oos. The baths are still very much "in" and the new pump room is popular with visitors.

Les légionnaires romains savaient déjà tirer profit, il y a 2000 ans, des vertus curatives des sources thermales de Baden-Baden. Cette ville d'eaux connut son apogée au XIXe siècle, ce qui ne veut pas dire que les noms de personnalités de haut rang ne figurent pas aujourd'hui sur la liste des visiteurs de la ville accueillante et ouverte des bords de l'Oos qu'est Baden-Baden. Cette station thermale est toujours en vogue et la Nouvelle Buvette très fréquentée.

Schwäbisch Hall an der Kocher: Der Besucher meint, er befände sich im 16. Jahrhundert. Eindrucksvoll ist die gewaltige Treppe, die zur Michaeliskirche führt. Wunderschöne Fachwerkhäuser prägen das Bild der Altstadt, deren Wohlstand die Bürger einst der Saline verdankten.

Schwäbisch Hall on the River Kocher gives the visitor the feeling of being back in the 16th century. The massive staircase leading up to St Michael's Church is an imposing sight. The wonderful old half-timbered buildings are characteristic of the Altstadt, whose citizens in former times owed their prosperity to salt-works.

Schwäbisch Hall sur la Kocher: le visiteur se croira transporté au XVIe siècle. Le monumental escalier, menant à la Michaeliskirche est d'aspect majestueux. De superbes maisons à colombages donnent leur empreinte à la vieille ville dont les habitants durent, jadis, leur prospérité aux salines.

Kunstvoll bemalte Bürger-
häuser — Beispiele gelun-
gener Stadtsanierung —
schmücken Bad Säckingen,
dessen Altstadt vom ba-
rocken Fridolinsmünster
überragt wird. Man sollte
es nicht versäumen, über
die mehr als 400 Jahre alte
und 200 Meter lange ge-
deckte Holzbrücke zum an-
deren Rheinufer in die
Schweiz zu spazieren.

Elaborately painted town
houses, examples of suc-
cessful renovation, adorn
Bad Säckingen, where the
Baroque cathedral of St
Fridolin towers over the
Altstadt. An experience not
to be missed is the walk
over the 400-year old,
200-metre (656-foot)
covered wooden bridge
across the Rhine into
Switzerland.

Des maisons bourgeoises
historiées avec art — exemples d'une rénovation urbai-
ne réussie — parent Bad
Säckingen, dont la vieille
ville est surplombée par la
cathédrale baroque St-
Fridolin. On ne manquera
pas de passer sur le pont
couvert en bois, vieux de
400 ans et long de 200
mètres pour se rendre en
Suisse, sur la rive opposée
du Rhin.

Stilepochen mehrerer Jahrhunderte verleihen dem Schloß der Fürsten von Hohenzollern sein malerisches Aussehen. Ein alter Stadtkern und bewaldete Hügel umgeben den historischen Bau in Sigmaringen. Ort und Schloß sind einen Besuch wert, zumal die Benediktinerabtei Beuron nur einen Steinwurf entfernt liegt.

The castle of the princes of Hohenzollern owes its picturesque appearance to a mixture of architectural styles spanning several centuries. An old town centre and wooded hills surround the historic building in Sigmaringen. Both town and castle are worth a visit, especially with the Benedictine monastery of Beuron only a stone's throw away.

Des styles architecturaux nés au cours de plusieurs siècles confèrent au château des princes de Hohenzollern son visage si pittoresque. Un vieux noyau urbain et des collines boisées entourent ce bâtiment historique de Sigmaringen. La ville et le château ne manqueront pas d'intéresser le visiteur, d'autant plus que l'abbaye bénédictine de Beuron n'en est qu'à deux pas.

Wie reich das Land mit Kulturdenkmalen gesegnet ist, wissen die Einheimischen am besten. Aber auch sie haben nicht all die vielen Kirchen, Klöster, Burgen, Schlösser und Gärten mit eigenen Augen gesehen. Die Entdeckungsreise muß deshalb zwangsläufig lückenhaft bleiben, die Auswahl fällt schwer, auch bei den ältesten steinernen Zeugen im Land.

Die Burgruine Weibertreu, das Wahrzeichen von Weinsberg, und die historische Tat der „treuen Weiber" kennt im Land natürlich jedes Kind. 1140, als der Stauferkönig Konrad III. die stolze Feste von den Welfen erobert hatte, wurde den Frauen gestattet, aus der Burg mitzunehmen, was sie tragen konnten. Sie schulterten kurzerhand ihre Männer, schleppten sie auf dem Buckel davon und retteten sie so vor der Gefangennahme. Bekannt in allen deutschen Landen ist der schwäbische Gruß „... Er aber, sag's ihm, er kann mich im Arsch lecken", den der Geheime Rat Johann Wolfgang von Goethe Goetz von Berlichingen sagen läßt. Das Drama des Ritters mit der eisernen Hand wird auf der Götzenburg in Jagsthausen alljährlich vor passender Kulisse lebendig, und in der Burg sind zahlreiche Erinnerungen an den Haudegen zu sehen, der dort 1480 geboren wurde. Burgfestspiele in den Sommermonaten gibt es auch auf der mächtigen Ruine Rötteln hoch über Lörrach. Einen Steinwurf weiter nördlich steht die Ruine Sausenburg, die einen weiten Blick ins Rheintal bietet. Die Stauferburg Hohenneuffen kann dreierlei für sich in Anspruch nehmen: Sie wurde niemals militärisch eingenommen, ist eine der größten Anlagen auf der Schwäbischen Alb und quasi die Wiege des Bundeslandes Baden-Württemberg. Manchen mag es zuerst zum Hohenstaufen ziehen, dem Kaiserberg nördlich von Göppingen, wo man freilich vom Stammsitz des Kaisergeschlechts nur noch Reste der 1525 im Bauernkrieg zerstörten Burganlage findet, die aber restauriert die wichtigsten Bauelemente erkennen lassen. Der Staffelgiebelturm (12./13. Jahrhundert) der Meersburg verleiht der Bodenseestadt gleichen Namens ihre malerische Silhouette. Hier hat Joseph Freiherr von Laßberg (1770–1855), der Retter der auch Altes Schloß genannten Burg, die „Fürstenberg-Handschriften" zusammengetragen. Und Annette von Droste-Hülshoff (1797–1848), seine Schwägerin, schrieb auf der Burg ihre schönsten Gedichte. Als regional geliebtes Kuriosum gehören Burg Lichtenstein wie die Höhlen und der Uracher Wasserfall fast schon zu den Pflichtbesuchen auf der Schwäbischen Alb. Wilhelm Hauffs (1802–1827) gleichnamiger historischer Roman, 1826 erschienen, machte die 1802 abgetragene Burg so berühmt, daß Graf Wilhelm von Württemberg sie 1840 neu erbauen ließ: Mit Turm und Zinnen ist sie ein romantisches Musterstück hoch über dem Honauer Tal mit württembergischer Geschichte im Burginnern.

In Ludwigsburg steht Württembergs Versailles mit herrlichem Barockgarten, durch eine vierzehn Kilometer lange, schnurgerade Straße mit Schloß Solitude verbunden. 1760 ließ sich Herzog Carl Eugen (1728–1793) außerhalb von Ludwigsburg auch noch Schloß Monrepos als idyllisches Seehaus erbauen. Ebenfalls nach Versailler Vorbild entstand die Residenz des Fürstbischofs Damian Hugo von Schönborn, das Schloß in Bruchsal. Nach schweren Zerstörungen im Krieg überstrahlt es wiederaufgebaut in neuem Glanz die badischen Residenzen. Das Neue Schloß in Meersburg, das Fürstlich Fürstenbergische in Heiligenberg, die Schlösser in Schwetzingen, Mannheim und Rastatt, gleich daneben Schloß Favorite, das Lustschloß der badischen Markgräfin Sibylla Augusta, das Deutschordensschloß Kapfenburg, Schloß Kirchheim unter Teck, Schloß Bebenhausen, wo nach der Abdankung das letzte württembergische Königspaar Wilhelm II. (1848–1921) und Charlotte zurückgezogen lebte – wie Magnete ziehen sie die Besucher an.

Die Kapellen, Kirchen und Klöster von hoher sakraler Kunst suchen ihresgleichen. Unter den Klosteranlagen im Land ragt zweifelsohne Maulbronn heraus: Reine gotische Maßwerkfenster im Kreuzgang, die langgestreckte romanische Basilika und der Klosterhof faszinieren; Stille verdrängt den Alltag. Kloster Weingarten ist ein Höhepunkt oberschwäbischer Barockkunst. Der Kuppelbau der Basilika läßt an die Peterskirche in Rom denken. Die Orgel gilt als eine der klangvollsten Barockorgeln der Welt. Die Benediktinerabtei Beuron mit herrlichen Deckengemälden, die Basilika Birnau und die aus dem 15. Jahrhundert stammende Pfarrkirche St. Martin in Biberach mit ihrer Rokoko-Ausstattung wollen ebenso besucht werden wie die sorgfältig sanierte und restaurierte Abteikirche Neresheim, die letzte architektonische Schöpfung von Balthasar Neumann. Auch das spätbarocke Münster in Zwiefalten und der Blaubeurer Hochaltar in der Klosterkirche sind einen Besuch wert. Unbedingt ansehen: das nach 1945 vollständig wiederaufgebaute Breisacher Münster St. Stephan mit vielen Kunstschätzen und Fresken von Martin Schongauer (um 1430–1491).

The natives of Baden-Württemberg know best how richly the state is blessed with cultural monuments. But even they haven't seen the many churches, monasteries, castles, palaces and gardens with their own eyes. Our journey of discovery must perforce contain some gaps because it is simply too difficult to choose between them, even between the oldest of the state's monuments. Every child in the state is familiar with the ruined castle of Weibertreu, emblem of the town of Weinsberg, and with the historic deed of the "treuen Weiber" or "faithful women." In 1140, when the proud stronghold of the Guelfs was conquered by Staufen King Konrad III, the women were allowed to take anything they could carry out of the castle. They promptly hoisted their husbands onto their shoulders, and carried them off on their backs, thus saving them from captivity. People all over Germany know the Swabian greeting "and tell your master he can lick my arse", as Privy Councillor Johann Wolfgang von Goethe has his character Götz von Berlichingen say in the play of the same name. Every year the drama of the knight with the iron hand is performed live against an appropriate backdrop on the Götzenburg castle battlements in Jagsthausen. The castle itself houses numerous mementoes of the old warhorse, who was born there in 1480. Another festival is held in the summer months in the mighty ruins of the castle of Rötteln, towering high above Lörrach. A stone's throw further north stands the ruined castle of Sausenburg, from where one has a view far along the Rhine Valley. The Staufen fortress of Hohenneuffen has three claims to fame: it has never been taken in battle, it is one of the largest castle complexes in the Schwäbische Alb region and it is, so to say, the cradle of the state of Baden-Württemberg. Many people might be drawn first to Hohenstaufen, the imperial mountain north of Göppingen. Here, although you can only see the remains of the castle of the Hohenstaufen rulers, which was destroyed during the Peasant War in 1525, these have been restored so that one can pick out the most important structural elements.

The 12th to 13th century staggered gabled tower of the Fortress of Meersburg lends a picturesque outline to the town of the same name. Here Baron Joseph von Lassberg

(1770−1855), saviour of the Fortress, which is also known as the Old Castle, brought together the collection of "Fürstenberg Manuscripts." And here in the castle his sister-in-law Annette von Droste-Hülshoff (1797−1848) wrote her most beautiful poems. As a locally popular curiosity the Castle of Lichtenstein together with the caves and Urach waterfalls is a must for visitors to the Schwäbische Alb region. A historic novel by Wilhelm Hauff (1802−1827) published in 1826 made the castle, demolished in 1802, so famous that in 1840 Count Wilhelm von Württemberg had it built again!

The Palace of Ludwigsburg with its magnificent Baroque garden, is Württemberg's Versailles. A 14-kilometre long, absolutely straight road connects it to the palace of Solitude. In 1760 Duke Carl Eugen (1728−1793) had yet another palace, Monrepos, built outside Ludwigsburg as an idyllic lakeside home. Another palace built on the Versailles model was Bruchsal, seat of Prince Bishop Damian Hugo von Schönborn. Devastated shortly before the end of World War II, it is now restored to new splendour, outshining all the seats of the Baden rulers. The New Castle in Meersburg, the royal palace of Fürstenberg in Heiligenberg, the castles and palaces in Schwetzingen, Mannheim and Rastatt, together with the Favorite, the summer palace of Margravine Sibylla Augusta of Baden, Kapfenburg, castle of the Teutonic Order of Knights, the castle of Kirchheim unter Teck, the palace of Bebenhausen, where the last king and queen of Württemberg, Wilhelm II (1848−1921) and Charlotte lived after abdicating, are all magnets for visitors.

The chapels, churches and monasteries are examples of sacred art it would be hard to equal. Outstanding amongst the state's monasteries is without a doubt Maulbronn. One is struck by the pure Gothic tracery of the windows in the cloister, the elongated romanesque basilica and the monastery courtyard. Absolute peace drowns out the bustle of everyday life. The monastery of Weingarten is an example of Upper Swabian Baroque art. The dome of the basilica recalls that of St Peter's in Rome. The organ is said to be one of the most melodious Baroque organs in the world. The Benedictine Abbey of Beuron with its magnificent ceiling paintings, the Basilica of Birnau, and the 15th-century parish church of St. Martin in Biberach with its Rococo decor and fittings invite a visit, as does the carefully renovated and restored abbey church of Neresheim, the last architectural creation of Balthasar Neumann. The Late Baroque minster in Zwiefalten and the high altar in the monastery church at Blaubeuren are also worth inspecting. Not to be missed is the Cathedral of St Stephen in Breisach, completely rebuilt after 1945, with its many art treasures and frescoes by Martin Schongauer (c. 1450−1491).

Les habitants du pays sont les mieux placés pour savoir à quel point leur région foisonne de témoignages culturels du passé. Les monastères, églises, forteresses médiévales, châteaux et jardins sont si nombreux qu'ils ne peuvent tous les connaître. Le voyage menant à leur découverte ne peut donc être exhaustif et le visiteur aura l'embarras du choix.

Personne, ici, qui ne connaisse les ruines du château fort de Weibertreu, emblème de la ville de Weinsberg, ou encore l'acte de bravoure historique des «Femmes fidèles». En 1140, après s'être emparé de l'orgueilleuse forteresse des Guelfes, le roi Konrad III de Hohenstaufen permit en effet aux femmes de ces derniers de partir avec tout ce qu'elles pouvaient transporter. Sans hésiter une seconde, elles chargèrent leur mari sur leur dos et les firent sortir, les sauvant ainsi de la captivité. Personne, non plus, en Allemagne, qui n'ignore la formule de salutation souabe: «Dis bien à ton maître qu'il peut me lécher le c...» que Johann Wolfgang von Goethe fait dire par la bouche de Goetz von Berlichingen. C'est au château de Götzenburg, à Jagsthausen, que le drame du chevalier à la main de fer est représenté, chaque année. L'ancienne forteresse médiévale abrite de nombreux souvenirs de ce fameux sabreur qui y vit le jour en 1480. Parmi les festivals organisés pendant les mois d'été dans le cadre d'anciens châteaux forts, on notera celui de Rötteln, qui a lieu dans les ruines de vastes dimensions de la citadelle surplombant Lörrach. A peu de distance de là, au nord, se dresse la ruine de Sausenburg offrant une vue panoramique sur la vallée du Rhin. Hohenneuffen, où résidèrent les Hohenstaufen, a trois raisons différentes de s'enorgueillir de son passé: elle ne fut jamais prise, elle représente l'un des plus vastes ensembles de fortifications du Jura souabe et est pratiquement le berceau du Bade-Wurtemberg en tant qu'Etat fédéral.

D'aucuns se sentiront tout d'abord attirer par le Hohenstaufen, la «montagne impériale», au nord de Göppingen, où ne subsistent, il est vrai, que de rares vestiges de la forteresse, détruite en 1525 lors des guerres de Paysans et qui fut la résidence principale de la dynastie des Hohenstaufen.

Le Staffelgiebelturm (tour à pignons étagés) du château fort de Meersburg datant du XIIe−XIIIe siècle, confère à la ville du même nom qui s'étend en bordure du lac de Constance sa silhouette pittoresque. C'est dans ce château que Annette von Droste-Hülshoff (1797−1848) écrivit ses plus beaux poèmes. Le château fort de Lichtenstein ainsi que les grottes et les chutes d'eau de Urach, curiosités régionales fort prisées, font partie des visites à caractère impératif pour tous ceux qui désireront découvrir le Jura souabe. Ce château fort (rasé en 1802) fut rendu si célèbre par le roman historique que Wilhelm Hauff (1802−1827) publia en 1826, que le comte Guillaume

de Wurtemberg le fit reconstruire en 1840. Hérissé de sa tour et de ses créneaux renfermant de nombreux témoignages de l'histoire du Wurtemberg, il domine la vallée de Honau, constituant un exemple-type de l'Allemagne romantique.

C'est à Ludwigsburg que l'on trouvera le «Versailles wurtembergeois», un château entouré d'un superbe jardin aménagé selon les lois de l'art baroque et relié au château Solitude par une allée rectiligne, longue de 14 kilomètres. En 1760, le duc Carl Eugen (1728−1793) se fit également bâtir, à l'extérieur de Ludwigsburg, le château de Monrepos, situé dans un cadre idyllique en bordure d'un lac. Versailles servit également de modèle aux bâtisseurs du château de Bruchsal, résidence du prince-évêque Damian Hugo von Schönborn. Réduit en cendres peu avant la fin de la deuxième guerre mondiale, ce château fut reconstruit et éclipse, aujourd'hui, de son nouvel éclat, les autres résidences badoises. Le Neues Schloß de Meersburg, les châteaux de Heiligenberg, de Schwetzingen, de Mannheim et Rastatt, celui de Favorite, dans les proches environs, le château d'agrément de la margravine badoise Sibylla Augusta, le château de l'Ordre Teutonique, celui de Kirchheim unter Teck, de Bebenhausen, où, après l'abdication du dernier couple royal wurtembergeois, Guillaume II (1848− 1921) se retira en compagnie de son épouse, Charlotte −, tous exercent sur le visiteur leur attirance magnétique. Les chapelles, les églises et les abbayes qu'a fait naître l'art sacré sont d'une incomparable beauté. Parmi les monastères que compte le pays, celui de Maulbronn éclipse tous les autres: le visiteur sera fasciné par les fenêtres en ogive du cloître, par la basilique romane et par la cour du cloître. La paix qui y règne fait oublier l'agitation de la vie quotidienne. Le couvent de Weingarten représente, lui, l'apothéose de l'art baroque de la Haute-Souabe. La coupole de la basilique rappelle celle de l'Eglise Saint-Pierre de Rome. Les orgues, de style baroque, passent pour être les plus pures qui existent au monde. L'abbaye bénédictine de Beuron et les merveilleuses fresques de son plafond, la basilique de Birnau ainsi que l'église paroissiale St Martin datant du XVe siècle, à Biberach, son ornementation rococo, demandent autant à être vues que l'église abbatiale minutieusement restaurée de Neresheim, dernière création architectonique de Balthasar Neumann. La cathédrale de Zwiefalten, érigée dans le style du baroque tardif ainsi que le maître-autel de l'église conventuelle de Blaubeuren sont dignes de la visite. On ne manquera pas non plus de voir la cathédrale Saint-Stéphane, à Brisach, intégralement reconstruite après 1945 et abritant de nombreux trésors artistiques ainsi que des fresques réalisées par Martin Schongauer (vers 1450−1491).

Der im Jahr 1826 erschie-
nene Roman „Lichtenstein"
des Dichters Wilhelm Hauff
brachte Graf Wilhelm von
Württemberg auf die Idee,
an der Stelle der 1802 ab-
gebrochenen Burg eine
neue zu bauen. Und hier
steht sie nun, ein Faszi-
nosum ganz besonderer
Art.

Wilhelm Hauff's novel
"Lichtenstein," published in
1826, gave Count Wilhelm
of Württemberg the idea of
building a new castle on
the site of the old one,
demolished in 1802. Here
is the result, radiating its
own special brand of
fascination.

Le comte Wilhelm de
Wurtemberg s'inspira du
roman «Lichtenstein» de
Wilhelm Hauff, paru en
1826, pour faire construire
un nouveau château en
remplacement de celui qui
avait été démoli en 1802.
Le voici donc, fascinant
comme pas un.

Gourmets denken an den
Schwetzinger Spargel,
Musikfreunde an die Fest-
spiele, Architektur-Lieb-
haber an das zwischen 1707
und 1716 neu erbaute
Schloß und den einzigarti-
gen Schloßgarten, von dem
manche behaupten, er sei
der schönste in Deutsch-
land.

Schwetzingen conjures up
many associations: gour-
mets think of Schwetzingen
asparagus, music-lovers of
the festival, architectural
enthusiasts of the castle,
rebuilt between 1707 and
1716, with its unique castle
gardens, considered by
many to be the finest in
Germany.

Les gourmets pensent aux
asperges de Schwetzingen,
les mélomanes aux festivals
de musique, les amateurs
d'architecture au château,
érigé entre 1707 et 1716 ainsi qu'à son superbe parc
dont certains prétendent
qu'il est le plus beau
d'Allemagne.

Das erste große Barock-
schloß Deutschlands steht
in Rastatt. Es entstand, als
sich Markgraf Ludwig Wil-
helm um 1700 entschloß,
seine Residenz von Baden-
Baden hierher zu verlegen.
Rastatt offenbart seinen
Charme erst auf den zwei-
ten Blick, dann aber bleibt
viel Sehenswertes für den
Besucher unvergessen.

Rastatt boasts Germany's
first grand Baroque palace.
It was built when in around
1700 Margrave Ludwig
Wilhelm decided to transfer
his capital from Baden-
Baden. The visitor needs to
take a closer look at Rastatt
to discover its charms, but
is rewarded with some un-
forgettable sights.

Le premier grand château
de style baroque à avoir été
construit en Allemagne se
trouve à Rastatt. Il fut érigé
lorsque le margrave Ludwig
Wilhelm décida, vers 1700,
de transférer sa résidence
de Baden-Baden à cet
endroit même. Rastatt ne
dévoile pas ses charmes de
prime abord; ce que le
visiteur aura su découvrir
restera toutefois à jamais
ancré dans sa mémoire.

Gräfin Wilhelmine von Grävenitz brachte Herzog Eberhard Ludwig auf den Gedanken, drei Wegstunden von Stuttgart entfernt mit dem Bau einer neuen Residenz zu beginnen: Schloß Ludwigsburg. Die Gräfin erlebte die Fertigstellung des Gebäudes nicht; sie wurde 1731 aus dem Land vertrieben.

It was Countess Wilhelmine von Grävenitz who gave Duke Eberhard Ludwig the idea of building a new royal palace three hours' journey from Stuttgart: Ludwigsburg Castle. Unfortunately, the Countess never saw the building completed: she was exiled in 1731.

C'est la comtesse Wilhelmine von Grävenitz qui donna au duc Eberhard Ludwig l'idée de commencer les travaux en vue de la construction d'une nouvelle résidence, à trois heures de route de Stuttgart: le château de Ludwigsburg. La comtesse ne put assister à son achèvement; elle fut chassée du pays en 1731.

Zum „Himmelreich des Barock" gehört mit Sicherheit das Deckengemälde in der Kirche von Steinhausen — einem kleinen Dorf mit einem großen Gotteshaus. Die Wallfahrts- und Pfarrkirche, von außen strahlend weiß und gelb, im Innern sehr farbig gestaltet, ist nur eines der Kleinodien der oberschwäbischen Barockstraße.

Steinhausen is a little village with a big church, whose ceiling painting definitely deserves the epithet of "Heavenly Baroque." Both parish church and place of pilgrimage, its exterior is radiant white and yellow, whilst the interior glows with colour. The church is but one of the treasures to be found along the "Baroque Road" holiday route in Upper Swabia.

Les fresques ornant le plafond de l'église de Steinhausen — minuscule village doté d'une importante église font, à coup sûr, partie des perles de l'art baroque. Cette église de pélerinage, d'un blanc et d'un jaune étincelants à l'extérieur, resplendissante de couleurs à l'intérieur, est l'un des joyaux de la Route baroque de Haute-Souabe.

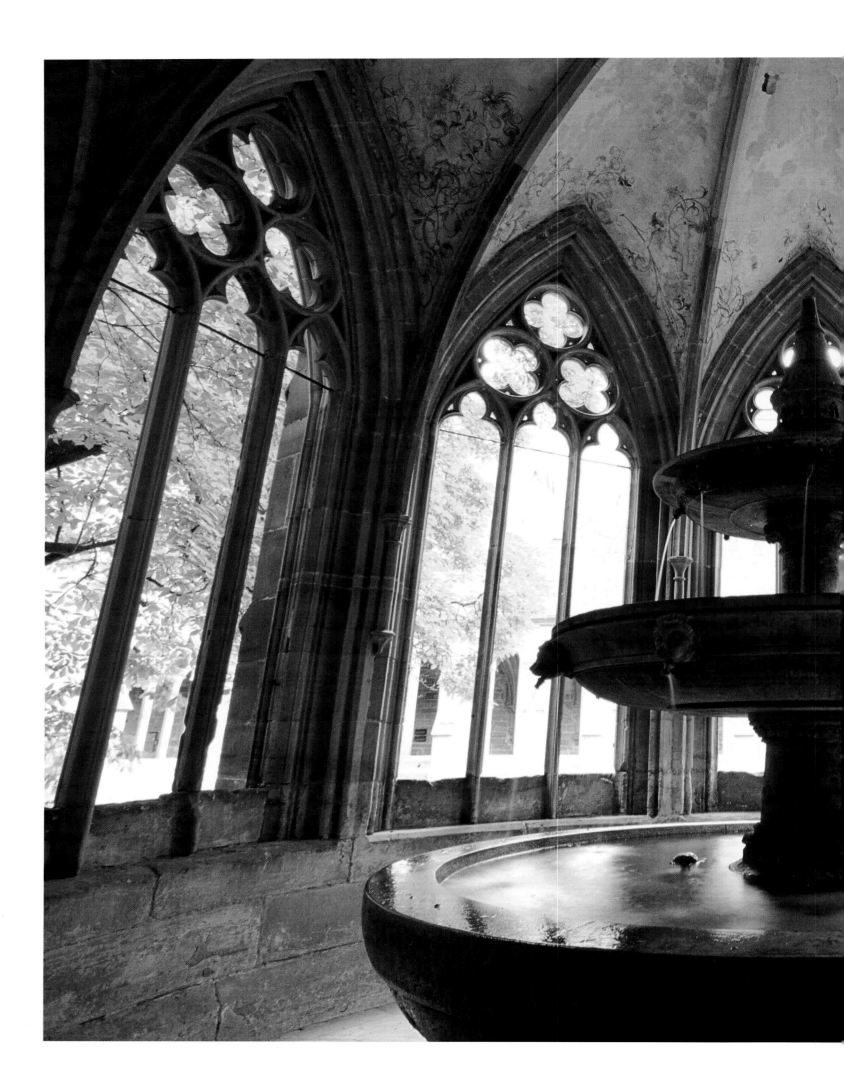

Ein Maultier soll die Zisterzienser vor rund 800 Jahren nach Maulbronn geführt haben, und seither galt das Leitwort der Mönche „bete und arbeite". Während des 13. und 14. Jahrhunderts entstand der berühmte Kreuzgang mit der Brunnenkapelle. In ihrem Inneren befindet sich ein Gewölbefresko, das die Zisterzienser-Legende darstellt.

Legend has it that around 800 years ago a mule led the Cistercian monks to Maulbronn. Since then the monks have lived by the motto "pray and work." The famous cloisters and fountain chapel were built in the 13th and 14th centuries. Inside, the vaulted ceiling bears a fresco depicting the Cistercian legend.

Un mulet aurait, dit-on, mené les moines cisterciens à Maulbronn, aux environs de l'année 800 de notre ère. Dès lors, la devise des moines fut «prie et travaille». C'est au cours du XIIIe et XIVe siècles que furent construits le célèbre cloître et la fameuse Brunnenkapelle (Chapelle de la Fontaine). A l'intérieur, sur la voûte, on admirera une fresque représentant la légende des moines cisterciens.

Rund fünf Kilometer vom Zentrum Ulms entfernt steht die ehemalige romanische Benediktinerabtei St. Martin. Der schönste Innenraum im Klostergebäude ist der Bibliothekssaal mit reichen Stukkaturen und lebensgroßen Statuen.

About five kilometres (three miles) from the centre of Ulm stands the Romanesque former Benedictine abbey of St Martin. The most beautiful room in the monastery building is the library with its ornate plasterwork and life-sized statues.

A environ cinq kilomètres du centre de la ville d'Ulm, se dresse l'ancienne abbaye bénédictine St-Martin, un chef d'œuvre de l'art roman. La plus belle des salles, à l'intérieur, est la Bibliothèque, ornementée de somptueux stucs et de statues grandeur nature.

Breisach am Rhein wird
beherrscht vom Münster
St. Stephan mit seinem ge-
schnitzten Hochaltar und
dem Wandgemälde „Welt-
gericht" von Martin Schongauer (um 1430−91). Ein
besonderes Erlebnis ist es,
aus der Stille, die in der
Kirche vorherrscht, ins
Freie zu treten und von der
Höhe herab über die Stadt
und den Rhein zu blicken.

Breisach on the Rhine is
dominated by St Stephen's
Cathedral with its carved
high altar and wall painting
of "The Last Judgement"
by Martin Schongauer
(c. 1430−1491). It is a remarkable experience to step
from out of the quiet that
prevails inside the church
into the open air and look
down from a height across
the town and the River
Rhine.

Breisach sur le Rhin est
dominé par la cathédrale
St-Stéphane qui possède un
maître-autel sculpté sur
bois ainsi qu'une peinture
murale, «Le jugement der-
nier», exécutée par Martin
Schongauer (vers 1430−91).
Emergeant du silence qui
régne à l'intérieur de
l'église, le visiteur appré-
ciera la vue s'offrant alors
et découvrant à ses yeux la
ville et le Rhin en contrebas.

Von Musen und Museen: kulturelle Einrichtungen von A bis Z

Of muses and museums: arts facilities from A to Z

Des musées et des muses: haut lieux de la culture de A à Z

Kultur und Kunst sind ein gefördertes, weites Feld in Baden-Württemberg, das zu durchstreifen sich lohnt. Die folgende Auswahl der Baden-Württemberger Museen und Schlösser umfaßt genaue Anschriften, wichtige Informationen und Anregungen für eine kulturelle Entdeckungstour. Die aktuellen Öffnungszeiten sind unter der jeweils angegebenen Telefonnummer zu erfragen.

Art and the arts are a wide-ranging sector that is given generous support in Baden-Württemberg and is well worth a closer look. The following selection of museums, castles and palaces in Baden-Württemberg includes addresses, important information and suggestions for a cultural voyage of discovery. Dial the phone numbers listed for details of opening hours.

Art et culture occupent, au Bade-Wurtemberg une place de choix ne cessant de gagner en importance et sont dignes du plus grand intérêt. Le lecteur trouvera dans le liste ci-après une sélection de musées et de châteaux du Bade-Wurtemberg comportant adresses exactes, informations essentielles et suggestions qui lui permettront de partir à la découverte des trésors culturels de cette région. Les renseignements concernant les heures d'ouverture actuelles peuvent être obtenus en appelant l'abonné dont le numéro figure sur la liste.

Altes Schloß
Schloßräume und Kapelle, Zeugnisse der ehemaligen bischöflichen und fürstbischöflichen Residenz; Wohnräume und Sterbezimmer der Dichterin Annette von Droste-Hülshoff.
Old Castle
Palace rooms and chapel show, how the bishops and prince-bishops used to live; living quarters of the poetess Annette von Droste-Hülshoff and the room where she died.
Vieux Château
Salles du château et chapelle, témoins de l'époque où il fut résidence des évêques et prince-évêques; pièce d'habitation et chambre mortuaire de la poétesse Annette von Droste-Hülshoff.
88709 Meersburg, Tel. 0 75 32 / 64 41

Augustinermuseum
Kunst und Kultur am Oberrhein; Tafelmalerei (Matthias Grünewald, Hans Baldung Grien, Lucas Cranach d. Ä.), Fayencen, Glaskunst, Möbel.
Art and the arts of the Upper Rhine; paintings on wood by Matthias Grünewald, Hans Baldung Grien and Lucas Cranach the Elder; faience, glasswork, furniture.
Art et culture issus du Rhin supérieur; peintures sur panneaux de bois (Matthias Grünewald, Hans Baldung Grien, Lucas Cranach l'Ainé), fayences, verrerie, meubles.
Am Augustinerplatz, 79098 Freiburg im Breisgau, Tel. 07 61 / 2 16 33 00

Badisches Landesmuseum Karlsruhe
Kunstdenkmäler der Vorgeschichte, Kunstwerke von der Romantik bis zur Gegenwart, Münzen und Medaillen, Antikensammlung, Skulpturen, Kunsthandwerk, türkische Trophäensammlung mit der Beute des „Türkenlouis" Markgraf Ludwig Wilhelm von Baden (1655–1707).
Baden Regional Museum Karlsruhe
Prehistoric art, art from the Romantics to the moderns, coins and medals, collection of antiques, sculpture, objets d'art, collection of Turkish trophies, including the spoils captured by Margrave Ludwig Wilhelm ("Türkenlouis") of Baden, 1655–1707.

Musée régional badois de Karlsruhe
Pièces datant de la préhistoire, œuvres d'art, de l'époque romantique au temps présent; numismatique et collection de médailles et d'antiquités, sculptures, artisanat, panoplie de trophées, dont le butin de «Louis le Turc», le margrave Ludwig Wilhelm de Bade (1655–1707).
Schloß Karlsruhe, 76131 Karlsruhe, Tel. 07 21 / 1 35 65 42

Deutsches Spielkartenmuseum
Eldorado für Kartenspieler und alle, die es werden wollen.
German Playing-Card Museum
An Eldorado for card-players and anyone with ambitions to become one.
Musée allemand des Jeux de Cartes
Eldorado des joueurs de cartes et de tous ceux qui désirent le devenir.
Schönbuchstraße 32, 70771 Leinfelden-Echterdingen, Tel. 07 11 / 7 98 63 35

Deutsches Uhrenmuseum
Sehenswerte Sammlung von Uhren aller Art. Der Uhrenbau hatte im Schwarzwald Tradition.
German Clock Museum
A remarkable collection of clocks of all kinds, clockmaking having been a Black Forest tradition.
Musée allemand de l'Horlogerie
Remarquable collection d'horloges et de montres en tous genres. La tradition horlogère remonte loin dans le passé de la Forêt-Noire.
Gerwigstraße 11, 78120 Furtwangen, Tel. 0 77 23 / 65 61 15

Faust-Museum und Faust-Archiv
Dem Besucher erschließt sich hier umfassend das gesamte Faust-Thema.
Faust Museum and Faust Archives
A comprehensive overview of Faustian lore and legend.
Musée Faust et Archives Faust
Le visiteur y découvrira tous les aspects du thème de Faust.
Kirchplatz 2, 75438 Knittlingen, Tel. 0 70 43 / 3 73 70

Fürstl. Fürstenbergisches Schloß-Museum
Zeugnisse fürstlicher Wohnkultur, Gemälde und repräsentative Bildnisse, Wandteppiche, Arbeiten aus der fürstlichen Silberkammer.
Fürstenberg Castle Museum
How the princely house of Fürstenberg lived: paintings and portraits, tapestry, work from the princely silver chamber.
Château-Musée des princes de Fürstenberg
Objets d'art témoignant de l'habitat princier de l'époque; tableaux et portraits; tapisseries et pièces d'argenterie provenant du Trésor princier.
Fürstl. Fürstenbergisches Schloß, 78166 Donaueschingen, Tel. 07 71 / 8 65 09

Fürstlich Hohenzollernsche Sammlungen
Vor- und Frühgeschichte, mittelalterliche Kunst, Kunsthandwerk vom 11. bis ins 18. Jahrhundert, Waffensammlung und Kriegsgerät.
Hohenzollern Collections
Prehistory and early history, art of the Middle Ages, arts and crafts of the 11th to 18th centuries, collection of arms and armour.
Collections princières de la famille de Hohenzollern
Préhistoire et protohistoire, art médiéval, artisanat du XIe au XVIIIe siècle; panoplie d'armes et d'instruments de combat.
Schloß, 72488 Sigmaringen, Tel. 0 75 71 / 7 29 35

Hegelhaus
Dauerausstellung über das Werk Georg Wilhelm Friedrich Hegels im Geburtshaus des Philosophen; kulturelles und literarisches Stuttgart zur Zeit Hegels.
Hegel House
Permanent exhibition of the works of Georg Wilhelm Friedrich Hegel in the house where the philosopher was born; art and literature in the Stuttgart of Hegel's period.
Maison de Hegel
Exposition permanente relative à l'œuvre de Georg Wilhelm Friedrich Hegel, aménagée dans la maison natale du philosophe; le Stuttgart culturel et littéraire à l'époque où vécut Hegel.
Eberhardstraße 32, 70173 Stuttgart, Tel. 07 11 / 2 16-67 33

Hermann-Hesse-Museum
Leben, Werk und Wirkung des Schriftstellers Hermann Hesse.
Hermann Hesse Museum
The life, work and influence of the writer Hermann Hesse.
Musée Hermann Hesse
Vie, œuvre et influence de l'écrivain Hermann Hesse.
Marktplatz 30, Haus Schütz, 75365 Calw, Tel. 0 70 51 / 75 22 oder 16 72 60

Historisches Museum Schloß Urach
Teile der Waffensammlung des Württembergischen Landesmuseums Stuttgart; Dokumentation über Graf Eberhard im Bart; Zupfinstrumente; Palmensaal, Goldener Saal und Weißer Saal.
Urach Castle Historic Museum
Part of the arms collection of the Württembergisches Landesmuseum, Stuttgart; documents dealing with Graf Eberhard im Bart; plucked string instruments.
Musée historique du château d'Urach
Parties de la collection d'armes du Musée régional de Bade-Wurtemberg de Stuttgart; documentation relative au comte Eberhard im Bart; instruments à cordes pincées; Salle des Palmes, Salle dorée et Salle blanche.
Schloß Urach, 72574 Bad Urach, Tel. 0 71 25 / 15 82 20

Höfische Kunst des Barock — Schloß Bruchsal
Wandteppiche, Mobiliar, Skulpturen, Keramik, Gläser, Kultgeräte.
Courtly Art of the Baroque — Bruchsal Palace
Tapestry, furniture, sculpture, ceramics, glassware, ecclesiastical items.
Art courtois de l'époque baroque — Château de Bruchsal
Tapisseries, mobilier, sculptures, céramique, verres, instruments du culte.
76646 Bruchsal, Tel. 0 72 51 / 74 26 61 und 74 26 52

Klostermuseum Hirsau
Dokumentation der Geschichte des Klosters Hirsau, des Schlosses und der Gemeinde; Außenstelle des Badischen Landesmuseums: «Altertümersammlung» ergänzt durch neue Funde.
Hirsau Monastery Museum
Documents dealing with the history of Hirsau: the monastery, the palace and the locality; a branch of the Badisches Landesmuseum: "Antiquities" and recent finds.
Musée du monastère de Hirsau
Documentation relative à l'histoire du monastère de Hirsau, au château et à la commune. Annexe du Musée régional badois: collection d'objets antiques, complétée par des découvertes faites au cours de fouilles récentes.
Calwer Straße 6, 75365 Calw, Tel. 0 70 51 / 5 90 15

Landesmuseum für Technik und Arbeit
Das Museum wurde 1990 eröffnet. Es dokumentiert die Technik- und Sozialgeschichte des Landes Baden-Württemberg während der letzten 200 Jahre.
State Museum of Technology and Labour
The museum, opened in 1990, deals with the history of technology and the social history of Baden-Württemberg over the past 200 years.
Musée régional de la Technique et du Travail
Le musée a été inauguré en 1990. Il renseigne sur l'évolution technique et sociale du Bade-Wurtemberg au cours des deux siècles écoulés.
Museumsstraße 1, 68165 Mannheim,
Tel. 06 21 / 292-0

Märklin-Museum
Umfangreicher Querschnitt durch Geschichte und Entwicklung der Modelleisenbahn.
Comprehensive cross-section of the history and development of model railways.
Musée Märklin
Vaste aperçu de l'histoire et du développement des chemins de fer en miniature.
Holzheimer Straße 8, 73037 Göppingen,
Tel. 0 71 61 / 60 82 89

Margarete-Steiff-Museum
Alles über die Produkte der Firma Steiff von 1880 bis heute.
Margarete Steiff Museum
All about the products of Steiff, the teddy bear and cuddly toy makers, from 1880 to the present day.
Musée Margarete Steiff
Tout sur les produits de la firme Steiff, de 1880 à nos jours.
Alleenstraße 2, 89537 Giengen an der Brenz,
Tel. 0 73 22 / 13 11

Mercedes-Benz-Museum
Lückenlose Darstellung der Geschichte des Hauses und seiner Produkte von 1883 bis heute.
Mercedes-Benz Museum
Complete portrayal of the history of the company and its products from 1883 to the present day.
Musée Mercedès Benz
Description exhaustive de l'histoire de l'entreprise et de sa production automobile de 1883 à nos jours.
Mercedesstraße 136, 70327 Stuttgart-Untertürkheim,
Tel. 07 11 / 1 72 32 56

Schloß Ludwigsburg
Wohnräume, Festsäle, Galerien, Barock- und Rokokokirche, Theater und königliche Appartements; Porzellan und Kunsthandwerk; „Blühendes Barock" (Außenanlagen).
Ludwigsburg Castle
Living quarters, banqueting halls, galleries, Baroque and Rococo church, theatre and royal apartments; porcelain and objets d'art; "Baroque in Bloom" (gardens and grounds).
Château de Ludwigsburg
Pièces d'habitation, salles d'apparat, galeries; église baroque et rococo; porcelaine et artisanat d'art; «baroque resplendissant» (extérieurs).
Schloßstraße 30, 71634 Ludwigsburg,
Tel. 0 71 41 / 18 64 40

Schloß Schwetzingen
Skulpturen, Gemälde und Möbel des 18. Jahrhunderts, des Empire und Biedermeier.
Schwetzingen Castle
Eighteenth century, Empire and Biedermeier sculpture, paintings and furniture.
Château de Schwetzingen
Sculptures, tableaux et meubles du XVIIIe siècle, de style Empire et de l'époque du Biedermeier.
68723 Schwetzingen, Tel. 0 62 02 / 8 14 82

Schillers Geburtshaus
Handschriften, Dokumente, Bildnisse und Gebrauchsgegenstände von Friedrich Schiller und seiner Familie.
Schiller's Birth House
Manuscripts, documents, portraits and artifacts used by Friedrich Schiller and his family on show in the house where he was born.
Maison natale de Schiller
Manuscrits, documents, portraits et objets d'usage courant ayant appartenu à Friedrich Schiller et à sa famille.
Niklastorstraße 31, 71672 Marbach am Neckar,
Tel. 0 71 44 / 10 2-2 04

Schiller-Nationalmuseum
und Deutsches Literaturarchiv
Sechs biographisch-werkgeschichtliche Darstellungen zur deutschen Literatur des 18., 19. und 20. Jahrhunderts. Das mit dem Museum verbundene Deutsche Literaturarchiv enthält u. a. 850 Autorennachlässe; Bibliothek mit rund 350 000 Bänden.
Schiller National Museum
and German Literary Archives
Six outlines of 18th, 19th and 20th century German literature on the basis of biography and work history. The stock of the Archive of German Literature, which is attached to the museum, includes the literary remains of 850 writers and a library of roughly 350,000 books.
Musée National Schiller
et Archives littéraires allemandes
Six présentations biographiques retraçant également le parcours littéraire des écrivains respectifs illustrent la littérature allemande des XVIIIe, XIXe et XXe siècles. Les Archives littéraires allemandes reliées à ce musée comportent, entre autres, 850 œuvres posthumes. On y trouvera également une bibliothèque renfermant 350 000 volumes.
Schillerhöhe 10, 71672 Marbach am Neckar,
Tel. 0 71 44 / 60 61

Schwarzwälder Freilichtmuseum „Vogtsbauernhof"
Dauerausstellung mit fünf Haustypen der Region und Geräten aus der Arbeits- und Lebenswelt der Schwarzwälder.
"Vogtsbauernhof" Black Forest Open-Air Museum
A permanent open-air museum featuring five kinds of Black Forest house and the equipment with which Black Forest people lived and worked.
Musée à ciel ouvert de la Forêt-Noire «Vogtsbauernhof»
Exposition permanente où l'on pourra se documenter sur cinq types de maisons de cette région ainsi que sur les outils de travail des habitants de la Forêt-Noire.
77793 Gutach, Tel. 0 78 31 / 203

Schwarzwälder Trachtenmuseum
Trachtensammlung aus dem Schwarzwald und der Region.
Black Forest Costume Museum
A collection of costumes from the Black Forest and the surrounding region.
Musée des Costumes régionaux de la Forêt-Noire
Collections de costumes traditionnels de la Forêt-Noire et de la région environnante.
Im Alten Kapuzinerkloster, 77716 Haslach im Kinzigtal, Tel. 0 78 32 / 80 80

Staatsgalerie Stuttgart
Besonders umfangreiche Bestände des 19. und 20. Jahrhunderts; Werke von Pablo Picasso aus allen Schaffensperioden; Triadisches Ballett von Oskar

Schlemmer. Gegenwartskunst von Joseph Beuys bis Barnett Newman; Skulpturensammlung und bedeutende graphische Sammlung. Zum 150jährigen Geburtstag der Staatsgalerie 1993 bedeutende Stiftungen: Max Beckmanns „Die Reise auf dem Fisch", das Gemälde „Ansicht der Mühlen von Dolo an der Brenta" von Canaletto, elf Lithographien „Le Taureau" von Pablo Picasso und die abstrakte Eisenskulptur des spanischen Bildhauers Julio Gonzalez.
Particularly extensive collection of 19th and 20th century art; work by Pablo Picasso from all his creative periods; Oskar Schlemmer's Triadic Ballet; contemporary art from Joseph Beuys to Barnett Newman; sculpture exhibition and major collection of graphic art; important donations to mark the gallery's 150th anniversary in 1993 include Max Beckmann's "Journey on the Fish"; Canaletto's "View of the Mills of Dolo on the Brenta," 11 "Le Taureau" lithographs by Pablo Picasso and an abstract work in iron by the Spanish sculptor Julio Gonzalez.
Riche patrimoine datant des XIXe et XXe siècles. Œuvres de Picasso, issues de toutes ses phases de création artistique. Ballet triadique de Oskar Schlemmer. Art contemporain de Joseph Beuys à Barnett Newman. Sculptures et importante collection d'art graphique. A l'occasion du 150e anniversaire de la fondation de la Staatsgalerie en 1993, d'importantes donations ont été faites: «Voyage sur le poisson» de Max Beckmann, «Vue des moulins de Dolo sur la Brenta» de Canaletto, 11 lithographies, «Le Taureau» de Pablo Picasso ainsi que la sculpture exécutée en fer par l'artiste espagnol Julio Gonzalez.
Konrad-Adenauer-Straße 30—32, 70173 Stuttgart,
Tel. 07 11 / 212-50 50
Postanschrift: Urbanstraße 35, 70182 Stuttgart

Württembergisches Landesmuseum
Archäologische Sammlungen der Vor- und Frühgeschichte, Antikensammlung, Frühes Mittelalter, Kunst- und Kulturgeschichtliche Sammlungen, Kirchliches Gerät, Herzogliche Kunstkammer mit Württembergischem Kronschatz, Kunsthandwerk, Münzkabinett.
Württemberg Regional Museum
Archaeological collections on prehistory and early history, collection of work from the Ancient World and the Early Middle Ages, art and art history collections, ecclesiastical items, the ducal art chamber and the Württemberg crown jewels, arts and crafts, coin collection.
Musée régional du Wurtemberg
Collections archéologiques ayant trait à la préhistoire et à la protohistoire, objets antiques des débuts du Moyen Age, collections d'objets d'art illustrant la civilisation des différentes époques, instruments liturgiques, chambre du Trésor ducale renfermant les joyaux de la couronne du Wurtemberg. Artisanat d'art, cabinet de numismatique.
Schillerplatz 6, Altes Schloß, 70173 Stuttgart,
Tel. 07 11 / 279-34 00

Zeppelin-Museum für Technik und Kunst
Darstellung der Geschichte der Zeppelin-Luftfahrt und Ausstellung von Originalteilen des Luftschiffs.
Zeppelin Museum of Technology and Art
Portrayal of the history of Zeppelin aviation and exhibition of original airship parts.
Musée Zeppelin de la Technique et de l'Art
L'histoire des dirigeables y est retracée et l'on pourra aussi y admirer des éléments originaux du premier Zeppelin.
Adenauer-Platz 1, 88045 Friedrichshafen,
Tel. 0 75 41 / 20 3-4 40

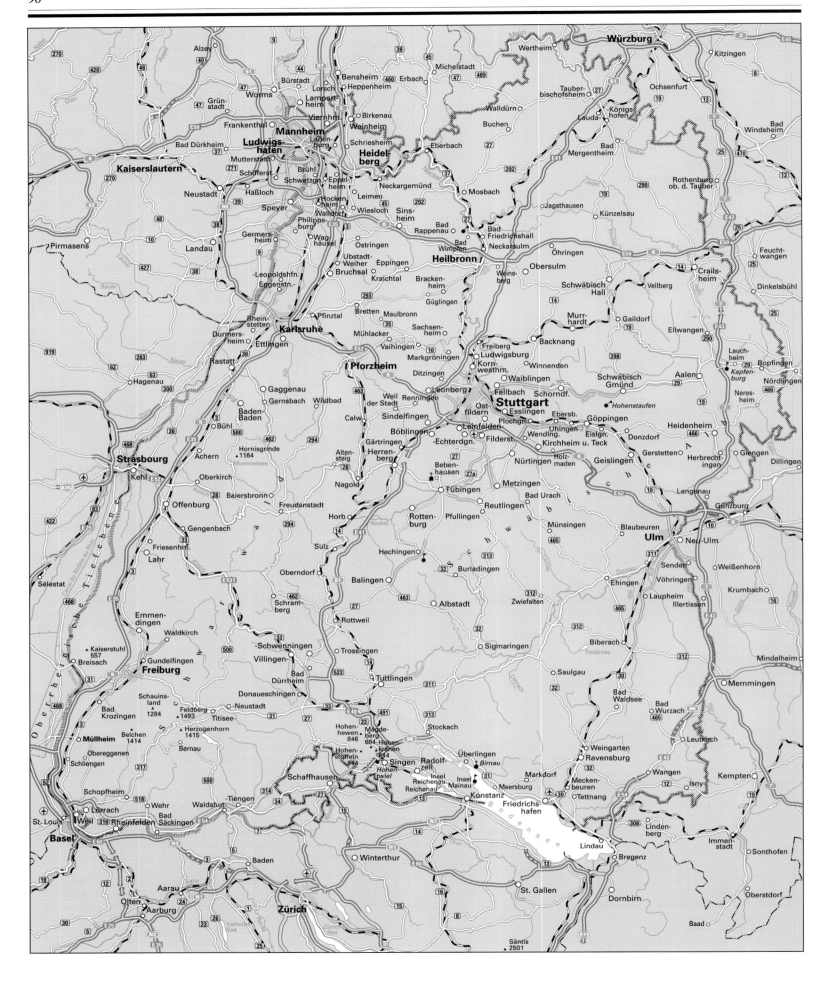